Thomas Stoll

Altersvorsorge Das Set

Mit Rentenlücken-Rechner

Interaktiver Budgetplaner

Staatliche Förderung nutzen

Persönlicher Plan für die Zusatzrente

Stiftung Warentest

Inhalt

Checklisten und Arbeitshilfen

- A In fünf Schritten zur passenden Altersvorsorge
- B Vorhandene Vorsorge prüfen
- C Rentenlücke berechnen
- D Einnahmen, Ausgaben und freies Budget ermitteln
- E Versicherungen checken
- F Kassensturz: Budget ermitteln
- G Risikoprofil ermitteln
- H Das ist mir wichtig bei der Geldanlage
- I Pantoffel-Portfolio erstellen
- J Portfolio überprüfen und anpassen
- K Steuer-Checkliste zur Altersvorsorge

Sie können die Formulare auch bequem kostenlos herunterladen und ausfüllen. Den Link und einen QR-Code finden Sie auf Seite 108.

→ Alle Formulare ab Seite 109

Antworten auf die neun wichtigsten Fragen

Viele wissen, dass sie fürs Alter etwas tun müssen – aber nur wenigen ist klar, wo sie anfangen sollen. Soll man erst sparen, gleich anlegen oder besser Risiken absichern? Wie groß ist die Vorsorgelücke wirklich, und was bedeutet sie für den Alltag im Ruhestand? Dieses Kapitel führt Sie Schritt für Schritt durch die neun zentralen Fragen, die beim Thema Altersvorsorge zählen. Es gibt einen Einblick, wie Sie realistisch planen, Ihr Risiko dosieren und aus den vielen Möglichkeiten die passenden Bausteine auswählen. So entwickeln Sie eine Vorsorgestrategie, die zu Ihrem Leben passt – überschaubar im Aufwand, verständlich in der Struktur und tragfähig für die Zukunft.

Frage 1
Ich bekomme doch eine gesetzliche Rente. Warum sollte ich mich überhaupt mit Altersvorsorge beschäftigen?

Die jährliche Renteninformation der Deutschen Rentenversicherung zeigt, wie viele Entgeltpunkte Sie bisher gesammelt haben und welche monatliche Rente sich daraus ergibt – in heutiger Kaufkraft und ohne Abzüge. Später gehen jedoch Kranken- und Pflegeversicherungsbeiträge sowie Steuern von der Bruttorente ab. Daher sollten Sie nur mit rund 80 bis 90 Prozent der ausgewiesenen Bruttorente rechnen.

Als Faustregel sollten Sie für Ihren Finanzbedarf im Rentenalter von 80 Prozent Ihres aktuellen Nettoeinkommens ausgehen, um Ihren gewohnten Lebensstandard halten zu können. Dafür reichen die Auszahlungen aus der gesetzlichen Rente alleine in den meisten Fällen nicht aus. Um sich später nicht stark einschränken zu müssen, ist es daher wichtig, möglichst frühzeitig zusätzlich privat vorzusorgen. Je eher Sie damit beginnen, desto besser. Denn dann arbeitet der Zinseszinseffekt für Sie. Das bedeutet: Sie müssen im Vergleich niedrigere Sparraten aufwenden, um bei Rentenbeginn unter sonst gleichen Bedingungen dasselbe Sparergebnis zu erzielen.

Frage 2
Wie groß ist meine Rentenlücke?

Die Renten- oder Vorsorgelücke ist der Unterschied zwischen dem, was Sie im Ruhestand voraussichtlich zum Leben brauchen, und dem, was Ihnen sicher zur Verfügung steht – aus der gesetzlichen Rente und privaten oder betrieblichen Vorsorgebausteinen. Auch wenn die Lücke auf den ersten Blick riesig erscheint: Lassen Sie sich nicht entmutigen! Gehen Sie vom heutigen Stand aus, nicht von zukünftigen hochgerechneten Einkommen oder Sparzielen. In diesem Buch finden Sie eine Strategie, mit der Sie Ihre Altersvorsorge Schritt für Schritt aufbauen können: Zuerst schließen Sie die Lücke, die sich aus Ihrem aktuellen Stand ergibt. Später ergänzen Sie weitere Spartranchen, wenn Sie mehr Einkommen und finanziellen Spielraum haben.

Frage 3
Wie viel Geld sollte ich fürs Alter zurücklegen?

Wie viel Sie monatlich fürs Alter sparen sollten, hängt von Ihrer Vorsorgelücke und Ihren Möglichkeiten ab. Eine feste Prozentregel gibt es nicht – entscheidend ist, dass Sie überhaupt beginnen und Ihre Vorsorge konsequent ausbauen.

Ein guter Ausgangspunkt ist der Kassensturz: Wie hoch sind Ihre Einnahmen, wie viel bleibt nach fixen und variablen Ausgaben übrig? Danach legen Sie fest, was Sie regelmäßig investieren können, ohne sich zu überfordern. Starten Sie mit einem machbaren Betrag und erhöhen Sie ihn schrittweise, etwa nach Gehaltserhöhungen oder wenn Kredite auslaufen.

Wichtiger als eine hohe Anfangsrate ist Kontinuität. Selbst kleine Beträge entfalten über Jahrzehnte eine spürbare Wirkung. Wer früh anfängt, profitiert vom Zinseszinseffekt und kann später ruhiger agieren. Wer später startet, kann die Lücke mit höheren Raten oder längerer Erwerbszeit ausgleichen – entscheidend ist, dass Sie Ihr Ziel kennen und dranbleiben.

Frage 4
Womit beginne ich zuerst – absichern, sparen oder anlegen?

Bevor Sie fürs Alter anlegen, sollten Sie die Grundabsicherung klären. Dazu gehören eine Kranken- und Pflegeversicherung, eine private Haftpflicht und – falls möglich – eine Berufsunfähigkeitsversicherung. Diese schützen Sie vor finanziellen Risiken, die Ihre Vorsorge sonst zunichtemachen könnten.

Als Nächstes folgt der Notgroschen: Mindestens zwei Nettogehälter auf einem Tagesgeldkonto sorgen dafür, dass Sie unerwartete Ausgaben decken können, ohne Ihre Geldanlage antasten zu müssen. Erst wenn diese Basis steht, kommt das Sparen und Anlegen. Dann können Sie langfristig investieren – etwa mit einem weltweit anlegenden ETF-Sparplan oder einem breit gestreuten Fondsdepot.

Wichtig ist, dass Sie Ihr Vorgehen in dieser Reihenfolge planen: Erst die Risiken absichern, die sie finanziell ruinieren können, dann Liquidität sichern, dann Vermögen aufbauen. So bleibt Ihre Altersvorsorge stabil, selbst wenn das Leben zwischenzeitlich anders läuft als geplant.

Frage 5
Welche Anlageformen passen am besten zu meiner Vorsorge?

Für die Altersvorsorge zählt vor allem ein breit gestreutes Depot, das Chancen und Risiken ausgleicht. Die Basis bilden Zinsanlagen wie Tages- oder Festgeld, die Liquidität sichern und vorübergehende Verluste an den Märkten abfedern. Für den Vermögensaufbau über viele Jahre eignen sich Aktien und Fonds, vor allem ETF-Sparpläne auf große Indizes wie den MSCI World. Sie sind kostengünstig, transparent und bieten langfristig gute Renditechancen. Das Pantoffel-Portfolio ist ein einfaches, bewährtes Konzept der Stiftung Warentest, das Ihnen hilft, langfristig anzulegen, ohne ständig reagieren zu müssen. Es kombiniert Sicherheit und Renditechancen mit einer festen Aufteilung zwischen ETF und Zinsanlagen.

Immobilien, betriebliche oder geförderte Produkte wie Riester oder Rürup können das Altersvorsorgeportfolio ergänzen, ersetzen aber keine breit gestreute Geldanlage. Wichtig ist, dass alle Bausteine zusammenpassen: sicher, flexibel und auf Ihre Lebensplanung abgestimmt.

Frage 6
Lohnt sich eine betriebliche Altersvorsorge für mich?

Eine betriebliche Altersvorsorge (bAV) kann sich lohnen – vor allem, wenn der Arbeitgeber sie ordentlich bezuschusst. Beschäftigte wandeln meist einen Teil ihres Bruttogehalts in Beiträge für eine Betriebsrente um und sparen dadurch Steuern und Sozialabgaben. Seit 2019 müssen Arbeitgeber bei Neuverträgen mindestens 15 Prozent Zuschuss zahlen, wenn sie selbst Sozialabgaben sparen. Viele Firmen geben auch mehr. Wer den Zuschuss nutzt, erhält auf diese Weise eine oft attraktive Zusatzrente.

Allerdings hat die bAV auch Nachteile: Auf die spätere Betriebsrente werden Beiträge zur gesetzlichen Kranken- und Pflegeversicherung fällig, und sie ist steuerpflichtig. Zudem kann die Entgeltumwandlung die gesetzliche Rente mindern, wenn weniger Beiträge dorthin fließen. Ob sich die bAV lohnt, hängt vom Zuschuss, der Kostenstruktur des Vertrags und Ihrer Verweildauer im Betrieb ab. Besonders vorteilhaft ist sie, wenn Sie lange bleiben und der Arbeitgeber einen spürbaren Beitrag leistet.

Frage 7
Ist Riester noch sinnvoll für meine Altersplanung?

Vorteilhaft ist die Riester-Rente vor allem für Familien mit Kindern, die von hohen Zulagen profitieren. Ebenso interessant kann sie für Geringverdienende sein, wenn die Förderquote – also Zulagen und Steuerersparnis im Verhältnis zum Eigenbeitrag – besonders hoch ist. Für viele andere lohnt sich Riester dagegen kaum noch. Die Produkte sind oft teuer, unflexibel und durch die Beitragsgarantie in der Rendite begrenzt. Auch die Auszahlungsphase ist streng reguliert, und die Renten unterliegen der vollen Steuerpflicht. Bestehende Verträge sollten Sie nicht vorschnell kündigen, sondern prüfen, ob sich eine Beitragsfreistellung oder Anpassung anbietet. Für Neuabschlüsse gilt: Nur wenn Sie hohe Zulagen erhalten oder die Förderung nutzen können, kann Riester noch ein sinnvoller Baustein sein. Es zeichnet sich ab, dass die Riester-Rente ab 2027 einen besseren Nachfolger bekommen könnte. Der Umstieg soll möglich sein.

Frage 8
Für wen rechnet sich die Rürup-Rente?

Die Rürup-Rente, auch Basisrente genannt, richtet sich vor allem an Selbstständige und Freiberufler, die keine gesetzliche Rentenversicherung haben, sowie an Gutverdienende mit hoher Steuerlast. Beiträge lassen sich als Sonderausgaben steuerlich absetzen: 2026 zu 100 Prozent bis zum Höchstbetrag von rund 30 826 Euro für Alleinstehende und 61 652 Euro für Verheiratete. Der Steuervorteil beim Einzahlen ist der größte Pluspunkt. Im Alter wird die Rente nachgelagert besteuert, also mit dem individuellen Steuersatz. Weil dieser im Ruhestand meist niedriger ist, kann sich das Modell rechnen. Nachteilig sind die geringe Flexibilität und die Bindung: Das Kapital kann weder ausgezahlt noch vererbt oder beliehen werden, sondern steht ausschließlich als monatliche Rente zur Verfügung. Die Kosten und die Rentenhöhen unterscheiden sich stark zwischen den Anbietern. Rürup lohnt sich vor allem, wenn Sie regelmäßig einzahlen können, langfristig planen und Ihre Steuerlast heute deutlich senken möchten.

Frage 9
Welche Rolle spielen Immobilien für meine Altersvorsorge?

Eine Immobilie kann ein wichtiger Baustein der Altersvorsorge sein, ersetzt aber keine breite Geldanlage. Wer im eigenen Zuhause wohnt, spart im Ruhestand Miete und gewinnt finanzielle Planungssicherheit. Entscheidend ist, dass das Objekt lastenfrei ist, wenn die Erwerbsphase endet – also ohne Restschuld und mit überschaubarem Instandhaltungsaufwand. Auch vermietete Immobilien können zur Altersvorsorge beitragen, wenn sie solide finanziert und langfristig gut vermietbar sind. Hier spielen Lage, Zustand und Verwaltungskosten eine große Rolle. Mieteinnahmen sind zwar steuerpflichtig, bieten aber regelmäßige und planbare Einnahmen, wenn Leerstände und Reparaturen einkalkuliert sind. Immobilien erhöhen die Stabilität des Gesamtvermögens, sollten aber nicht zu stark gewichtet werden, damit Sie finanziell flexibel bleiben. Denn sie lassen sich im Allgemeinen nicht über Nacht zu Geld machen.

Altersvorsorge ist keine Raketenwissenschaft

Die gesetzliche Rente allein wird für viele nicht reichen. Wer im Alter finanziell abgesichert sein möchte, muss selbst aktiv werden. Dieser Ratgeber zeigt Ihnen Schritt für Schritt, wie Sie Ihre persönliche Situation einschätzen, die Versorgungslücke berechnen und die richtigen Bausteine auswählen. Mit Checklisten, Rechenhilfen und Bewertungen behalten Sie den Überblick und vermeiden teure Fehlentscheidungen.

Altersvorsorge ist für viele wie der regelmäßige Zahnarzttermin: Die meisten wissen, dass er nötig ist, viele schieben ihn auf – und irgendwann wird es schmerzhaft, wenn man nichts unternimmt. Dabei betrifft das Thema fast jede und jeden, auch wenn nur selten darüber gesprochen wird. Die gesetzliche Rente allein reicht in den meisten Fällen nicht, um den gewohnten Lebensstandard zu halten. Zusätzliche Vorsorge ist notwendig, um ein gesichertes und auskömmliches Einkommen im Alter zu erreichen.

Die gesetzliche Rente bildet die Basis, sie reicht aber für viele nicht mehr aus. Das Rentenniveau für den sogenannten Eckrentner – also jemanden, der 45 Jahre lang stets ein Durchschnittseinkommen erzielt hat – liegt aktuell bei rund 48 Prozent des letzten Bruttoeinkommens. In der Realität erreichen jedoch nur wenige diese Eckrente.

Männer erhielten 2024 nach Abzug der Kranken- und Pflegeversicherung im Durchschnitt rund 1405 Euro netto im Monat. Frauen kamen mit 955 Euro auf deutlich weniger. Wer Miete zahlen muss oder andere laufende Verpflichtungen hat, merkt schnell, dass damit kaum der gewohnte Lebensstandard zu halten ist.

Ein Beispiel: Anna, 45 Jahre alt, arbeitet seit vielen Jahren in Teilzeit und verdient netto 2000 Euro im Monat. Laut ihrer Renteninformation kann sie mit rund 1000 Euro gesetzlicher Rente rechnen, wenn sie wie geplant mit 67 Jahren in den Ruhestand geht. Dass es nicht mehr ist, liegt an ihren Teilzeitjahren und daran, dass sie keine 45 Beitragsjahre erreicht. Schon heute wäre es mit 1000 Euro schwer, die Miete, Lebensmittel, Versicherungen und andere Fixkosten zu decken. In 20 Jahren, wenn die Preise gestiegen sind, wird die Kaufkraft dieser 1000 Euro noch deutlich geringer sein.

Genau hier entsteht die sogenannte Renten- oder Versorgungslücke: die Differenz zwischen dem, was im Alter benötigt wird, und dem, was aus sicheren Quellen wie gesetzlicher Rente, Betriebsrente oder bereits vorhandenem Vermögen zu erwarten ist. Eine monatliche Lücke von einigen Hundert Euro ist dabei keine Seltenheit, sondern für viele Menschen die Realität.

Die Inflation verstärkt das Problem. Schon eine langfristige Rate von zwei bis drei Prozent pro Jahr hat spürbare Folgen. Ein einfaches Beispiel: 1500 Euro Kaufkraft heute entsprechen bei zwei Prozent Inflation nach 20 Jahren nur noch etwa 1010 Euro. Bei drei Prozent Inflation sinkt die Kaufkraft sogar auf rund 830 Euro. Anders gesagt: Was heute gerade so für das Nötigste reicht, deckt in Zukunft möglicherweise nicht einmal den Grundbedarf.

Wichtig ist: Altersvorsorge ist kein Alles-oder-Nichts-Projekt. Wer mit 30 beginnt, profitiert vom Zinseszinseffekt – schon 100 Euro monatlich, 35 Jahre lang mit vier Prozent Rendite angelegt, ergeben knapp 90 000 Euro. Wer erst mit 50 startet, kann trotzdem noch viel erreichen, muss aber entsprechend höhere Beiträge einplanen – zum Beispiel 370 Euro monatlich über 15 Jahre, um ein ähnliches Kapital zu bilden. Beide Wege sind möglich, beide sinnvoll. Entscheidend ist, überhaupt anzufangen und die Situation realistisch einzuschätzen.

Ein solides Fundament gehört ebenfalls dazu. Ein Notgroschen von zwei bis sechs Nettogehältern verhindert, dass unerwartete Ausgaben die Vorsorgepläne durchkreuzen. Ebenso wichtig sind Versicherungen gegen existenzielle Risiken wie Berufsunfähigkeit oder Todesfall, denn sie sichern das Einkommen ab, aus dem die Altersvorsorge überhaupt finanziert wird. Erst wenn diese Basis steht, lohnt es sich, an den langfristigen Vermögensaufbau zu gehen.

So zeigt sich: Altersvorsorge ist kein fernes Thema, sondern betrifft das Hier und Jetzt. Wer sich frühzeitig mit seiner Situation auseinandersetzt, schafft Klarheit, vermeidet Stress und stellt sicher, dass das Leben im Ruhestand nicht von Sorgen, sondern von finanzieller Freiheit geprägt ist.

In fünf Schritten zur passenden Altersvorsorge

Altersvorsorge wirkt auf den ersten Blick unübersichtlich. Unterschiedliche Produkte, Fördermöglichkeiten und kompliziert erscheinende Rechenwege schrecken viele ab. Doch der Weg lässt sich in fünf klare Schritte zerlegen. Wer sie nacheinander geht, gewinnt Struktur und Überblick. Eine ausführliche Checkliste dazu finden Sie im Formularteil dieses Buches ab Seite 108 – im Folgenden zeigen wir den roten Faden anhand des Beispiels, von Anna, 45, die wir auf Seite 8 bereits kennengelernt haben. Sie möchte wissen, ob ihre Altersvorsorge ausreicht – und geht die fünf Schritte durch.

Im ersten Schritt macht Anna eine saubere Bestandsaufnahme. Sie notiert ihre Einnahmen und Ausgaben, prüft, welche Versicherungen sie hat, und listet ihr Vermögen auf. Außerdem fragt sie sich, wie lange sie noch arbeiten möchte und welche Wünsche sie für den Ruhestand hat. Diese Übersicht verschafft Klarheit und zeigt, welche Mittel ihr zur Verfügung stehen und welche Verpflichtungen sie im Blick behalten muss.

Anschließend ermittelt sie ihre Versorgungslücke. Anna nimmt die Renteninformation der Deutschen Rentenversicherung zur Hand: Dort steht, dass sie mit rund 1000 Euro gesetzlicher Rente rechnen kann. Dazu kommen kleinere Ansprüche aus einer betrieblichen Vorsorge. Dem gegenüber stellt sie ihre Ausgaben, die im Ruhestand kaum sinken werden: Miete, Lebensmittel, Versicherungen, Mobilität. Schnell wird deutlich, dass eine Lücke von mehreren Hundert Euro im Monat entsteht. Mit dem Rentenlückenrechner im Formularteil dieses Buches, den Sie auch als selbstrechnendes Formular herunterladen können, lässt sich diese Differenz genauer beziffern.

Im dritten Schritt geht es darum, geeignete Bausteine für die Vorsorge auszuwählen. Anna weiß, dass es verschiedene Wege gibt: Sie kann ihren Arbeitgeber einbeziehen, staatliche Förderungen prüfen oder privat vorsorgen. Welche Form sich für sie eignet, hängt von ihrer persönlichen Situation ab – etwa von ihrem Einkommen, ihrer Steuersituation und ihrem Sicherheitsbedürfnis. Für den Moment hält sie nur fest, dass es unterschiedliche Möglichkeiten gibt. Die Details will sie später nachlesen.

Der vierte Schritt besteht darin, mögliche Unterstützungen konsequent zu nutzen. Anna macht sich bewusst, dass es staatliche Zulagen, steuerliche Vorteile und in vielen Fällen auch Zuschüsse des Arbeitgebers gibt. Sie möchte diese Punkte im Blick behalten, um später keine Gelegenheit zu verpassen. Noch weiß sie nicht, welche dieser Förderungen für sie passt, aber sie hat das Thema auf ihrer Liste.

Im fünften Schritt nimmt sie sich vor, ihre Vorsorge mindestens einmal im Jahr zu überprüfen. Sie will regelmäßig kontrollieren, ob ihre Sparrate noch passt, ob sich neue Fördermöglichkeiten ergeben haben oder ob Anpassungen wegen Inflation oder persönlicher Veränderungen nötig sind. Außerdem legt sie eine Mappe an, in der sie Renteninformationen, Versicherungsunterlagen und Depotauszüge abheftet.

So wird aus vielen Einzelentscheidungen ein klarer Prozess. Annas Beispiel zeigt: Wer die fünf Schritte konsequent durchgeht, behält die Übersicht, trifft bewusste Entscheidungen und schafft sich die Grundlage für ein auskömmliches Einkommen im Alter.

Wie dieses Buch funktioniert

Altersvorsorge ist keine Raketenwissenschaft. Wer Schritt für Schritt vorgeht und die richtigen Hilfsmittel nutzt, kann auch ohne Vorkenntnisse einen soliden Plan entwickeln. Genau dafür ist dieser Ratgeber gemacht: Er erklärt verständlich die Grundlagen, bewertet die wichtigsten Produkte und stellt einfache Werkzeuge bereit, die Sie sofort anwenden können.

Die Kapitel sind so aufgebaut, dass Sie sie der Reihe nach lesen können. Genauso gut können Sie sich aber einzelne Themen herausgreifen. Wenn Sie etwa gerade ein Angebot für eine betriebliche Altersvorsorge prüfen, schlagen Sie direkt das entsprechende Kapitel auf. Wenn Sie überlegen, einen Sparplan einzurichten, finden Sie dazu die nötigen Informationen und Bewertungen in Schritt 3 und 4. An vielen Stellen verweisen wir außerdem auf aktuelle Untersuchungen der Stiftung Warentest, in denen Produkte miteinander verglichen werden.

Damit Sie das Buch nicht nur lesen, sondern auch praktisch nutzen, finden Sie im Formularteil Checklisten und Rechenhilfen. Sie helfen dabei, systematisch vorzugehen – und zwar ohne komplizierte Formeln, sondern mit den Grundrechenarten.

Dazu gehören zum Beispiel eine Vorlage für die Bestandsaufnahme der Vorsorge, ein Budgetplaner, der Rentenlückenrechner, eine Steuercheckliste für Anlegerinnen und Anleger sowie Zinstabellen. Sie müssen also kein As in Finanzmathematik sei, um die richtige Sparrate auszurechnen. Mit dem Pantoffelportfolio und dem Rebalancing-Schema können Sie zudem Ihre Geldanlage Schritt für Schritt selbst strukturieren und regelmäßig überprüfen.

Die im Buch vorgestellten Produkte und Strategien sind aus unabhängiger Perspektive bewertet, wie Sie es von der Stiftung Warentest erwarten dürfen. Wir zeigen Ihnen, wo Chancen liegen, welche Kosten anfallen und wie flexibel die Lösungen sind. Dabei betrachten wir sowohl ganze Produktarten – etwa Riester-Renten, Fondssparpläne oder private Rentenversicherungen – als auch konkrete Angebote, die die Stiftung Warentest getestet hat.

Kurz gesagt: Dieses Buch soll Sie in die Lage versetzen, Ihre Altersvorsorge Schritt für Schritt eigenständig und fundiert zu gestalten. Sie brauchen dafür keine Fachausbildung und keine teure Beratung – nur den Willen, sich mit Ihrer Situation auseinanderzusetzen und ein wenig Zeit für die Formulare und Rechenhilfen.

Warum viele Berater eigentlich Verkäufer sind

Wer über Altersvorsorge spricht, landet schnell beim Thema „Beratung". Viele wünschen sich eine kompetente Ansprechperson, die den Überblick hat und eine maßgeschneiderte Lösung empfiehlt. Doch hier liegt ein Problem: In Deutschland arbeiten die meisten Finanzberater und -beraterinnen nicht unabhängig, sondern verdienen ihr Geld damit, Produkte zu verkaufen. Sie als „Berater" zu bezeichnen, ist daher irreführend – sie sind in erster Linie Verkäufer.

Das liegt am Vergütungssystem. Ein Großteil der Finanz- und Versicherungsvermittler erhält Provisionen oder Courtagen, die überwiegend beim Abschluss fällig werden und je nach Produkt mehrere Tausend Euro betragen können. Für Kundinnen und Kunden sind diese Vergütungen nicht immer sichtbar, da sie in den laufenden Kosten des Vertrags stecken. Komplexe und teure Produkte lohnen sich für den Vermittler mehr als einfache und günstige Lösungen – ein klarer Interessenkonflikt.

Auch Bankangestellte sind alles andere als neutral. Ihr Arbeitgeber macht in der Regel Verkaufsvorgaben, die sich in Zielvereinbarungen und variablen Gehaltsbestandteilen niederschlagen. Außerdem bieten sie fast ausschließlich Produkte aus ihrem eigenen Finanzverbund an – und das sind oft diejenigen mit einer hohen Marge. Ein Beispiel: Ein aktiv gemanagter Fonds mit drei oder fünf Prozent Ausgabeaufschlag bringt der Bank Einnahmen, während ein günstiger Indexfonds ohne Ausgabeaufschlag für die Anlegenden meist vorteilhafter wäre, für die Bank aber kaum Provisionen abwirft.

Typische Verkaufstricks verstärken das Problem. Dazu gehören künstlicher Zeitdruck – „nur bis Ende des Monats verfügbar" – oder unnötige Zusatzbausteine. Immer wieder werden auch Steuervorteile ins Feld geführt. Sie sind aber nur das Sahnehäubchen, wenn das Produkt ohnehin passt – niemals ein Kaufgrund für sich allein.

Damit Sie in Beratungsgesprächen besser gewappnet sind, hier vier Warnzeichen, bei denen Sie hellhörig werden sollten:

→ Der Berater spricht fast ausschließlich über Steuervorteile oder Zulagen.

→ Es werden nur Produkte einer einzigen Bank oder Gesellschaft präsentiert.

→ Kosten und Gebühren werden nicht transparent erklärt.

→ Sie spüren Zeitdruck oder sollen sofort unterschreiben.

Eine unabhängige Alternative zu Banken und Vermittlern sind die Beratungsstellen der Verbraucherzentralen. Sie können unter verbraucherzentrale.de/beratung einen Termin vereinbaren – vor Ort, telefonisch oder online. Die Beratung ist kostenpflichtig, aber mit meist 50 bis 90 Euro pro Stunde deutlich günstiger als beim Honorarberater.

Sie erhalten dort keine Produkte, sondern eine neutrale Einschätzung zu Ihrer Situation, zu bestehenden Verträgen oder zu Angeboten, die Sie vorgelegt bekommen haben. Viele Verbraucher nutzen diesen Service, um eine zweite Meinung einzuholen oder um die eigenen Vorsorgepläne auf Plausibilität zu prüfen.

Dieses Buch soll Sie in die Lage versetzen, vieles selbst zu beurteilen. Sie erfahren, wie Produkte funktionieren, welche Vor- und Nachteile sie haben und worauf Sie achten sollten. Damit können Sie entscheiden, ob Sie Beratung überhaupt benötigen – und wenn ja, wie Sie die Qualität der Beratung beurteilen. So können Sie souverän Entscheidungen treffen, statt sich auf Verkaufsargumente verlassen zu müssen.

Schritt 1: Finanzlücke ermitteln

Reicht mein Geld im Alter aus, um den gewohnten Lebensstandard aufrechtzuerhalten? Diese Frage können sich Berufstätige nicht früh genug stellen. Je eher sie sich damit beschäftigen, desto besser gelingt es, die gesteckten Ziele auch zu erreichen. In diesem Kapitel ermitteln wir das voraussichtliche Einkommen im Alter – also gesetzliche Rente, Betriebsrente, private Vorsorge und weitere Quellen – und vergleichen es mit dem Finanzbedarf im Ruhestand. Die Differenz ist die Vorsorgelücke – und die gilt es zu schließen.

Was ist von der gesetzlichen Rente zu erwarten?

Sie ist die erste und für viele auch die wichtigste Säule der Altersvorsorge: die gesetzliche Rente. Die meisten Beitragszahlenden sind pflichtversichert und zahlen fast ein Fünftel ihres Bruttoeinkommens dort ein. Für die Vorsorgeplanung ist es unerlässlich zu wissen, wie viel Rente Sie erwarten können.

Knapp jeden fünften Euro ihres sauer verdienten Bruttoeinkommens zahlen die meisten Arbeitnehmerinnen und Arbeitnehmer in die Rentenversicherung des Bundes ein. Wer im Bergbau arbeitet, führt sogar rund ein Viertel an die Knappschaft ab. Der Beitragssatz zur gesetzlichen Rente bleibt bis einschließlich 2026 voraussichtlich stabil bei 18,6 Prozent und könnte bis 2030 auf 20,1 Prozent steigen. Die tatsächliche Entwicklung hängt von zahlreichen Variablen ab, darunter von der Bevölkerungsentwicklung, von der Entwicklung der Löhne, vom abzusichernden Rentenniveau, vom Bundeszuschuss, von der Zahl der Versicherten und vom Renteneintrittsalter.

Auch wenn der Beitrag auf dem Papier hälftig zwischen Firma und Beschäftigten geteilt wird, so tragen doch die rentenversicherten Arbeitnehmerinnen und Arbeitnehmer die Last, denn sie müssen ihn durch ihre Arbeitsleistung erwirtschaften. Und in genau dieser Höhe taucht er auch als Lohnkosten in der Kalkulation des Betriebs auf. Die Trennung in Arbeitnehmer- und Arbeitgeberanteil spiegelt die rechtliche Lage wider, nicht die ökonomische.

Konkret geht es 2026 um einen Betrag von bis zu 1572 Euro im Monat. Diesen Höchstbeitrag zahlen in der Rentenversicherung des Bundes alle, die mindestens 101 400 Euro brutto im Jahr verdienen.
Für die Beiträge erhält man Rentenpunkte, auch Entgeltpunkte genannt. Für das Durchschnittsentgelt, also 51 944 Euro, zahlen Beschäftigte pro Monat 805 Euro ein und erhalten dafür genau einen Rentenpunkt. Der Höchstbeitrag bringt 1,95 Entgeltpunkte.

Die Renteninformation lesen

Über die Jahre stecken Sie also enorme Summen in die staatliche Rentenversicherung. Aber was kommt am Ende dabei eigentlich an Rente heraus?

Die Antwort ist auf den ersten Blick ganz einfach: Wer in die Renteninformation schaut, weiß Bescheid. Alle, die mindestens 27 Jahre alt sind und mindestens 60 Monate Beitragszeit vorweisen können, erhalten diese per Brief einmal jährlich, in der Regel im Frühjahr. So werden jedes Jahr rund 30 bis 31 Millionen Schreiben versendet. Versicherte ab 55 Jahren, die mindestens fünf Jahre Beiträge gezahlt haben, erhalten stattdessen alle drei Jahre eine Rentenauskunft.

Auf der ersten Seite Ihrer Renteninformation finden Sie drei Zahlen:

Zunächst die bisher erworbene Rentenanwartschaft – brutto, also vor Steuern und Krankenversicherungsbeiträgen. Diese entspricht der Zahl der gesammelten Rentenpunkte, multipliziert mit dem aktuellen Wert eines Entgeltpunkts. Der beträgt mit Stand 1. Juli 2025 genau 40,79 Euro und wird regelmäßig angepasst. Zum 1. Juli 2026 könnte dieser Wert auf circa 42 Euro steigen.

Wertvolle Orientierung

Renteninformation und Rentenauskunft sind eine wichtige Grundlage für die Ruhestandsplanung von allen, die als Arbeitnehmerinnen und Arbeitnehmer oder freiwillig einzahlen oder eingezahlt haben, aber noch nicht in Rente sind.

Merkmal	Renteninformation	Rentenauskunft
Alter*	ab 27 Jahren	ab 55 Jahren
Häufigkeit	jährlich	alle 3 Jahre
Versicherungsverlauf	nur beim ersten Mal	ja
Rentenarten	nur Altersrente und Erwerbsminderung	alle Rentenarten, auch für Hinterbliebene
Detailgrad	Überblick	vollständige Darstellung
Ziel	erste Orientierung	konkrete Planung vor dem Ruhestand

*** 5 Jahre Beitragszeiten vorausgesetzt**

Auf der bisher erworbenen Rentenanwartschaft beruht die zweite wichtige Zahl: die Hochrechnung der künftigen Altersrente. Außerdem können Sie der Renteninformation entnehmen, wie hoch eine Rente wegen Erwerbsminderung ausfallen würde. Dazu kommt ein Hinweis zu Kaufkraft und Inflation. Dies soll eine realistische Einschätzung der Kaufkraft der hochgerechneten Rente ermöglichen. Außerdem enthält die Information einen Hinweis, ab wann die Altersrente gezahlt werden kann.

Angehörige der Kammerberufe wie Rechtsanwälte, Notare, Steuerberater, Ärzte oder Architekten sind in der Regel nicht gesetzlich rentenversichert, sondern pflichtversichert in berufsständischen Versorgungswerken. Die meisten dieser Einrichtungen, etwa das Versorgungswerk der Rechtsanwaltskammer und der Ärztekammer, versenden einmal im Jahr eine Renteninformation. Diese Schreiben entsprechen in Aufbau und Ziel weitgehend der Renteninformation der gesetzlichen Rentenversicherung.

So werden Beamte über ihre Rente informiert

Beamtinnen und Beamte in Deutschland erhalten Informationen über ihre zu erwartenden Ruhestandsbezüge auf mehreren Wegen. Die wichtigsten sind:
Versorgungsmitteilungen durch den Dienstherrn: Viele Dienstherren – insbesondere auf Bundes- und Landesebene – verschicken regelmäßige Versorgungsauskünfte an ihre Beamtinnen und Beamten. Diese enthalten eine Hochrechnung der voraussichtlichen Ruhegehaltshöhe bei Erreichen der regulären Altersgrenze. Außerdem finden sie hier Angaben zu anerkannten Dienstzeiten sowie Hinweise auf Versorgungslücken, etwa bei längerer Teilzeit oder Beurlaubung. Diese Auskünfte werden meist ab einem bestimmten Alter, zum Beispiel ab 50, oder auf Antrag bereitgestellt.
Antrag auf Versorgungsauskunft: Beamtinnen und Beamte können jederzeit beim zuständigen Versorgungsreferat, zum

Beispiel beim Landesamt für Besoldung und Versorgung oder der Personalabteilung, eine Versorgungsauskunft beantragen.

Selbstberechnung anhand der Beamtenversorgungsgesetze: Beamtinnen und Beamte können ihre voraussichtliche Pension grob überschlagen. Beim Bund ergibt sich der Ruhegehaltssatz aus dem Beamtenversorgungsgesetz. Für jedes Jahr ruhegehaltfähiger Dienstzeit werden 1,79375 Prozent angesetzt, insgesamt jedoch höchstens 71,75 Prozent der ruhegehaltfähigen Dienstbezüge. Ausgangspunkt sind die ruhegehaltfähigen Dienstbezüge des maßgeblichen Amtes beim Eintritt in den Ruhestand. Dazu zählen vor allem das Grundgehalt, der Familienzuschlag der ersten Stufe und bestimmte ruhegehaltfähige Zulagen. Für Beamtinnen und Beamte der Länder und Kommunen gelten in der Regel die Versorgungsgesetze der Länder. Die Rechenwerte sind oft identisch, die Rechtsgrundlage ist dann aber nicht das Beamtenversorgungsgesetz des Bundes. Die Selbstberechnung bleibt eine Annäherung, weil zum Beispiel Teilzeit und Sonderzeiten, Kindererziehungszeiten, Versorgungsausgleich sowie mögliche Abschläge bei vorzeitigem Ruhestand das Ergebnis verändern können.

Wie gesagt: Auf den ersten Blick ist die zu erwartende Altersrente schnell ermittelt. Aber auf den zweiten Blick sieht es schon etwas anders aus. Bei der Interpretation der künftigen Altersrente ist nämlich Vorsicht geboten, und das nicht nur, weil die Geldentwertung an der Kaufkraft der Rente nagt. Auch der Fiskus und die Krankenversicherung knapsen sich etwas von der Rente ab, auch wenn diese nicht in vollem Umfang versteuert werden muss. Faustregel deshalb: Ziehen Sie für die Nettorente 12 bis 20 Prozent von der Bruttorente ab. Der niedrigere Wert gilt für Bruttorenten von 1200 Euro, der höhere für Bruttorenten von 3000 Euro. Für einen genaueren Wert nutzen Sie das Formular „Vorhandene Vorsorge prüfen".

Zweiter Warnhinweis: Die Hochrechnung basiert auf der Annahme „Alles geht so weiter wie bisher". Sie setzt also voraus, dass Sie weiterhin durchgehend arbeiten, das Einkommen stabil bleibt und keine Lücken im Erwerbsverlauf entstehen. Ändern sich die Einkommensverhältnisse, etwa durch Teilzeit, Auszeit oder Selbstständigkeit, sinkt auch die zu erwartende Rente. Nicht zu unterschätzen sind auch die Auswirkungen von Gesetzesänderungen. Die können, wie bei der Mütterrente, positiv ausfallen oder sich negativ auswirken, wenn zum Beispiel die Regelaltersgrenze weiter erhöht würde.

Früher gehen kostet bis zu 14,4 Prozent der Rente

Nachdem die Regelaltersgrenze für den Rentenbeginn für alle, die ab 1964 geboren wurden, bereits auf 67 Jahre angehoben wurde, hegen viele den Wunsch, früher in Rente zu gehen. Das ist möglich, wenn Sie mindestens 35 Versicherungsjahre inklusive anrechenbarer rentenrechtlicher Zeiten vorweisen. Allerdings müssen Sie dann mit spitzem Bleistift rechnen. Denn Sie werden weniger Geld zur Verfügung haben, wenn Sie sich vorzeitig aus dem Beruf verabschieden. Eine vorgezogene Rente bedeutet Abzüge, wenn die Rente vor der für Sie maßgeblichen Altersgrenze beginnt.

Zusätzlich sinkt die Rente, weil Sie durch den früheren Ausstieg weniger Entgeltpunkte erwerben: Sie zahlen kürzer ein, Ihr Anspruch sinkt und damit auch die Rentenhöhe. Oft schlägt dieser Aspekt besonders ins Kontor. Denn kurz vor dem Ruhestand haben viele Menschen das höchste Einkommen ihres Berufslebens und erwerben deshalb oft mehr Rentenpunkte als zu Beginn. Wichtig: Wer die Voraussetzungen für die Rente für besonders langjährig Versicherte, also 45 Jahre Wartezeit, erfüllt, kann ab der für seinen Jahrgang geltenden Altersgrenze abschlagsfrei in Rente gehen.

Ein Beispiel: Carola aus Kempten wurde am 15. Januar 1980 geboren. Sie hat zuletzt überdurchschnittlich verdient und pro Jahr je 1,4 Entgeltpunkte für ihr Rentenkonto gesammelt. In Rente gehen darf sie regulär mit 67 Jahren – das wäre am 1. Februar 2047. Verdient sie weiter so wie bisher, wird sie voraussichtlich auf 58 Entgeltpunkte kommen. Daraus ergibt sich nach derzeitigem Stand (31. Dezember 2025) eine Monatsrente von rund 2366 Euro.

So rechnet eine Versicherte mit 45 Versicherungsjahren

Carola hat nach ihrem Schulabschluss durchgängig gearbeitet und kommt voraussichtlich auf 45 Versicherungsjahre. Will sie vorzeitig in Rente gehen, kommen für sie gleich zwei Rentenarten infrage: die Frührente mit Abschlägen und die Frührente ohne Abschläge. Carola betrachtet zuerst die Rente ohne Abschläge, die sie wegen besonders langjähriger Versicherung schon im Alter von 65 Jahren beziehen kann. Ihr Rentenbeginn wäre dann Anfang Februar 2045.

Auch wenn sie in diesem Fall keine Abschläge fürchten muss, hat sie dadurch leichte finanzielle Einbußen: Sie hört zwei Jahre vor dem gesetzlichen Rentenbeginn auf, Rentenbeiträge zu zahlen. Sie sammelt damit nach jetzigem Stand 2,8 Entgeltpunkte weniger, als wenn sie weitergearbeitet und wie zuletzt pro Jahr 1,4 Punkte gesammelt hätte. Statt auf 58 Entgeltpunkte kommt sie nur auf 55,2 Punkte. Das bringt ihr nach derzeitigem Stand eine Monatsrente von rund 2 253 Euro. Die fehlenden 2,8 Entgeltpunkte bedeuten also für sie ein Minus von etwa 114 Euro Rente im Monat, wenn man den aktuellen Wert eines Entgeltpunkts zugrunde legt.

Entscheidet sie sich dafür, noch früher in Rente zu gehen und dafür Abschläge hinzunehmen, sieht die Rechnung aus wie folgt: Bei einem Rentenbeginn mit 63 erwirbt sie weitere 2,8 Entgeltpunkte weniger und muss außerdem einen dauerhaften Abschlag von 0,3 Prozent pro Monat hinnehmen, den sie früher in Rente geht – und das gemessen an der regulären Altersgrenze von 67 Jahren. Die besonders langjährige Beitragszahlung von 45 Jahren zählt hier nicht. Es geht für Carola hier also um 48 Monate und 14,4 Prozent Abschlag. Unterm Strich bleibt so eine Monatsrente von 1830 Euro und damit rund 422 Euro (536 Euro) pro Monat weniger als bei einem Rentenbeginn mit 65 (67).

Versicherungsmathematisch sind diese Abzüge nicht zu beanstanden, da Carola ja erstens kürzer einzahlt und zweitens die Rente länger beziehen wird. Betrachtet man die Summe der ausgezahlten Renten bei regulärem Rentenbeginn, so wird diese die Summe der gezahlten Renten bei Rentenbeginn mit 63 statt mit 67 erst um ihren 80. Geburtstag herum übersteigen. Dennoch muss sie sich die Frage stellen, ob sie ihre Ausgaben auch dann noch decken kann, wenn die Rente wie beschrieben sinkt.

Da es sich um Werte handelt, die an aktueller Kaufkraft und heutigen Preisen gemessen werden können, kann Carola die Auswirkungen gut einschätzen, auch wenn sie erst in zwei Jahrzehnten eintreten. Sie entscheidet sich für einen Renteneintritt mit 65, da die Abzüge für eine Rente ab 63 ihr Budget vermutlich aus der Balance bringen würden, und stellt ihre Vorsorgeplanung auf einen Rentenbeginn im Jahr 2045 ab.

Private und betriebliche Vorsorge überprüfen

Viele Menschen haben über die Jahre hinweg verschiedene Altersvorsorgeverträge abgeschlossen. Dieses Kapitel hilft Ihnen, Ihre bestehende Vorsorge zu erfassen, für jeden Baustein zu ermitteln, was zum Rentenbeginn zu erwarten ist und einzuschätzen, ob die jeweiligen Verträge weiter sinnvoll sind.

Nach dem Blick auf die Renteninformation der Deutschen Rentenversicherung gilt es zu ermitteln, welche zusätzlichen Einkommensquellen Ihnen im Rentenalter zur Verfügung stehen werden. Vielleicht haben Sie einen Riester-Vertrag oder eine andere private Rentenversicherung abgeschlossen? Ihr Arbeitgeber ist verpflichtet, Ihnen eine Möglichkeit zur Altersvorsorge anzubieten.

Prüfen Sie, ob Sie über eine oder mehrere der im Folgenden beschriebenen Möglichkeiten weitere Ansprüche haben. Wir erklären Ihnen, wie Sie die Höhe der zu erwartenden Bezüge ermitteln können. Außerdem geben wir eine erste Einschätzung, ob und wann es sinnvoll sein könnte, den Vertrag zu kündigen oder stillzulegen und das Geld in eine für Sie besser geeignete Form der Altersvorsorge zu überführen.

Betriebliche Altersvorsorge

Die betriebliche Altersvorsorge (bAV) wird über den Arbeitgeber organisiert. Sie bietet steuerliche Vorteile, meist auch Arbeitgeberzuschüsse, und ist in vielen Unternehmen fester Bestandteil des Vergütungspakets. Die Beschäftigten haben ein gesetzlich verbrieftes Recht auf eine bAV, und der Arbeitgeber darf dafür bestimmen, was angeboten wird. Die Ausgestaltung kann sehr unterschiedlich sein – abhängig vom gewählten Durchführungsweg.

➔ **Direktversicherung:** Das ist eine Lebens- oder Rentenversicherung als betriebliche Altersversorgung, die der Arbeitgeber für den Arbeitnehmer abschließt. Die Beiträge werden häufig über Entgeltumwandlung aus dem Bruttogehalt finanziert; zusätzlich kommt ein Arbeitgeberzuschuss hinzu, wenn der Arbeitgeber durch die Entgeltumwandlung Sozialabgaben einspart. Seit 2002 haben Arbeitnehmer grundsätzlich einen Rechtsanspruch auf Entgeltumwandlung. Über den Stand des Vertrags informiert der Versicherer regelmäßig per Standmitteilung Die enthält Angaben zur garantierten und zur voraussichtlichen Leistung. Je nach Vertrag wird auch ein Rückkaufswert ausgewiesen – vereinfacht gesagt der Betrag, der bei einer Vertragsbeendigung im Vertrag steckt. Direktversicherungen sollte man oft nicht vorschnell beenden, vor allem, wenn ein Arbeitgeberzuschuss enthalten ist. Bei einer vorzeitigen Auszahlung oder Abfindung können Steuern anfallen; außerdem kann bei gesetzlich Kranken- und Pflegeversicherten auf Leistungen aus der bAV eine Beitragspflicht entstehen Wer keine Beiträge mehr zahlen möchte, kann häufig die Beitragszahlung stoppen.

➔ **Pensionskasse:** Dabei handelt es sich um eine versicherungsförmige bAV-Einrichtung, die oft von ganzen Branchen oder Konzernen organisiert wird. Die Teilnahme ist für Beschäftigte möglich, deren Arbeitgeber eine Pensionskasse anbietet. Eine individuelle Wahlmöglichkeit gibt es nicht immer. Die Beiträge werden meist wie bei Lebensversicherungen investiert, also mehrheitlich in Zinspapiere und weniger in Aktien. Sie erhalten jährliche Informationen der Pensionskasse mit Prognose der Rente. Einige Kassen bieten auch Onlinezugänge. Laufende Verträge sollten in der Regel weitergeführt werden – vor allem bei attraktiver Verzinsung oder Arbeitgeberzuschüssen. Bei geringen Erträgen können Sie eine Beitragsfreistellung in Erwägung ziehen.

➔ **Pensionsfonds:** Bei dieser betrieblichen Altersvorsorge werden die Beiträge kapitalmarktnah angelegt. Das eröffnet höhere Renditechancen, geht aber mit stärkeren Wertschwankungen und Risiken einher. Je nach Ausgestaltung kann es Mindestleistungen oder Garantien geben. Einige große Unternehmen nutzen eigene Pensionsfonds, daneben existieren Branchenlösungen wie die Metallrente, die auch einen Pensionsfonds anbietet. Beschäftigte erhalten in der Regel jährlich eine Mitteilung mit dem aktuellen Anwartschaftsstand und – je nach Anbieter – Projektionen. Ob man Beiträge weiterzahlt oder beitragsfrei stellt, sollte man nicht nur an der jüngsten Wertentwicklung festmachen, sondern auch an Arbeitgeberzuschuss, Kosten, Garantien sowie steuer- und sozialversicherungsrechtlichen Folgen.

➔ **Direktzusage (Pensionszusage):** Hier verpflichtet sich der Arbeitgeber, im Ruhestand eine bestimmte Rente zu zahlen. Rückstellungen werden bilanziell gebildet, mitunter ohne externe Absicherung. Häufig erhalten nur die Führungskräfte eine solche Zusage. Was dabei herauskommt, erfahren Sie über interne Zusagen, oft ohne jährliche Standmitteilung. Im Zweifel sollten Sie beim Arbeitgeber nachfragen. Bei einem Jobwechsel kann der Anspruch entfallen oder gekürzt werden. Eine Übertragung auf den neuen Arbeitgeber gelingt nur selten.

➔ **Unterstützungskassen:** Der Arbeitgeber erteilt die Versorgungszusage und nutzt dafür eine rechtlich selbstständige Unterstützungskasse. Einen direkten, einklagbaren Anspruch gegen die Unterstützungskasse haben Beschäftigte in der Regel nicht – der Arbeitgeber bleibt für die zugesagten Leistungen verantwortlich. Geht er pleite, besteht gesetzlicher Insolvenzschutz über den Pensions-Sicherungs-Verein. Informationen zur voraussichtlichen Leistung ergeben sich aus der Versorgungszusage und den Auskünften der Unterstützungskasse. Prüfen Sie, ob und wie die Zusage finanziert ist, zum Beispiel rückgedeckt über einen Versicherer, und lassen Sie sich die wichtigsten Eckdaten schriftlich geben.

Geförderte Altersvorsorge

Bei der geförderten Altersvorsorge unterstützt der Staat den Aufbau der Rente – durch Zulagen oder Steuererleichterungen. Auch hier lohnt eine regelmäßige Prüfung.

➔ **Riester-Rente:** Die staatlich geförderte Rentenversicherung mit Zulagen (Grund- und Kinderzulage) und Steuervorteilen ist unter dem Namen ihres Initiators Walter Riester bekannt. Sie enthält Garantien für das eingezahlte Kapital, ist aber oft renditeschwach. Abschließen können sie alle Pflichtversicherten in der gesetzlichen Rentenversicherung sowie Beamte und deren Ehepartner, die mittelbar zulageberechtigt sind. Über jährliche Mitteilungen erfahren Sie die garantierte Rente und die erhaltenen Zulagen. Die Kündigung ist meist die schlechteste Wahl, weil Förderrückforderung, Verwaltungskostenabzug und Wegfall des Pfändungsschutzes sich sehr negativ auswirken. Stoppen Sie Einzahlungen, vereinbaren Sie also eine Beitragsfreistellung, wenn Sie gerade nicht zahlen möchten. Wechseln Sie den Anbieter, wenn Sie langfristig die Rendite verbessern wollen. Bei fondsgebundenen Renten bietet die Stiftung Warentest einen kostenpflichtigen Vergleich, der Ihnen sagt, welche Fonds sie auswählen sollten: www.test.de/riester-fondspolicen.

Rürup-Rente (Basisrente): Eine Kommission unter der Leitung des Ökonomen Bert Rürup konzipierte diese 2005 eingeführte staatlich geförderte Altersvorsorge mit Steuerabzug der Beiträge. Die Auszahlung erfolgt ausschließlich als lebenslange Rente – eine Kapitalauszahlung ist nicht möglich. Abschließen kann sie prinzipiell jeder, auch Beamte. Sie ist aber vor allem für Selbstständige, Freiberufler und Angestellte mit hohem Einkommen sinnvoll. Rürup-Sparer erhalten keine Förderung über Zulagen, sondern durch Steuerersparnis. Über die Rentenprognose werden Sie in jährlichen Mitteilungen unterrichtet. Wer regelmäßig einzahlt und steuerlich profitiert, sollte den Vertrag weiterführen. Eine Kündigung ist ohnehin nicht möglich, höchstens ein Anbieterwechsel für künftige Beiträge. Das hat allerdings den Nachteil, dass die Abschlusskosten für den Vertrag, der nicht mehr bespart wird, bereits bezahlt sind. Laufende Kosten fallen weiter an. Die Rendite aus gestoppten Verträgen wird also in den meisten Fällen bescheiden ausfallen. Wirklich attraktiv sind ohnehin nur fondsgebundene Renten mit niedrigen Kosten und sehr guten Fonds. Bei den klassischen Varianten, die wie klassische private Rentenversicherungen funktionieren, müssen Rentner steinalt werden, damit sich unterm Strich eine halbwegs interessante Rendite ergibt – oft steht dann beim Alter eine 9 vorne.

➔ **Vermögenswirksame Leistungen (VL):** Dabei zahlen Beschäftigte über den Arbeitgeber meist bis zu 480 Euro im Jahr ein, in der Regel in einen Bank- oder Bausparvertrag oder Fondssparplan, und erhalten oft einen Zuschuss von der Firma. Bei förderfähigen Verträgen, nicht beim Banksparen, gibt es zusätzlich Arbeitnehmersparzulage: 9 Prozent beim Bausparen, 20 Prozent bei Fonds. Die Verträge laufen maximal sieben Jahre, davon zahlen die Sparenden sechs Jahre ein, und dann ruht der Vertrag bis zum Jahresende. Bausparer zahlen sieben Jahre durch. Zugang haben alle Beschäftigten mit Anspruch auf VL nach Tarifvertrag oder Arbeitsvertrag. Die staatliche Förderung gibt es bis zu bestimmten Einkommensgrenzen: 40 000 Euro zu versteuerndes Einkommen bei Einzelveranlagung, das Doppelte bei Ehepaaren. Gefördert werden maximal 400 Euro Einzahlung bei Fondssparplänen. Bei Bausparverträgen sind es 470 Euro. Bei Paaren gilt der doppelte Wert. Die Entwicklung der Einzahlungen können Sie über Kontoauszüge des Anbieters oder jährliche Mitteilungen verfolgen. Wenn VL gezahlt werden, sollten Sie sie unbedingt nutzen. Nach Ablauf lassen Sie das Guthaben am besten angelegt, schichten gegebenenfalls um und schließen am besten gleich einen neuen VL-Vertrag ab.

Private Altersvorsorge

Zur privaten Vorsorge zählen freiwillig abgeschlossene Verträge außerhalb von staatlicher oder betrieblicher Förderung. Sie sind oft flexibler, aber mitunter auch riskanter.

➔ **Fondssparpläne:** Regelmäßige Investitionen in Investmentfonds bieten je nach Fondsart schwankende, aber langfristig gute

Renditechancen. Viele Direktbanken und Neobroker bieten günstige Sparpläne an. Abschließen kann sie jede geschäftsfähige Person. Mithilfe von Depotübersichten mit Wertentwicklung und Fondsbestand können Sie die Entwicklung Ihrer Anlage verfolgen. Prognosen sind unverbindlich. Achten müssen Sie auf Kosten, Risikostreuung und Anlagestrategie. Am besten investieren Sie in einen ETF auf einen weltweit anlegenden Index wie den MSCI World. Mehr dazu lesen Sie im Kapitel über das „Pantoffel-Portfolio" genannte Anlagekonzept ab Seite 49.

➔ Mit **Banksparplänen** können Sie regelmäßig bei einer Bank sparen, mit festem oder variablem Zins und manchmal einem Bonus am Ende der Laufzeit. Früher waren sie beliebt, heute gibt es sie kaum noch im Neugeschäft. Abschließen können sie nur Kunden von Banken, die solche Produkte noch anbieten. Viele Altfälle laufen aus. Ihre Investition haben Sie über Kontoauszüge oder Zinsmitteilungen im Blick. Alte Verträge mit überdurchschnittlichem Zins lohnen sich oft. Neue Angebote sind in der aktuellen Zinssituation meist unattraktiv.

➔ **Private Rentenversicherung:** Ein Versicherungsvertrag mit Kapitalaufbau und lebenslanger Rente – je nach Tarif mit oder ohne Garantieverzinsung. Es gibt viele Varianten – zum Beispiel klassisch, fondsgebunden, indexbasiert. Sie erhalten vom Anbieter jährliche Mitteilungen mit garantierter und prognostizierter Rente. Klassische Verträge mit hohem Garantiezins ab 3,25 Prozent, die es bei Abschluss vor Januar 2004 gab, sind meist sinnvoll. Fondsgebundene Verträge sollten Sie auf Kosten und Ertrag prüfen und gegebenenfalls beitragsfrei stellen. Die Kündigung empfiehlt sich wegen steuerlicher Nachteile nur in Ausnahmefällen. Von Indexpolicen rät die Stiftung Warentest generell ab (mehr dazu ab Seite 55).

➔ Eine **Kapitallebensversicherung** ist ein Kombiprodukt aus Todesfallversicherung und Sparvertrag. Bei Vertragsende gibt es eine Kapitalauszahlung. Heute wird sie kaum noch neu angeboten. Kunden erhalten jährliche Standmitteilungen mit Rückkaufswert und Ablaufleistung. Alte Verträge mit hohen Garantiezinsen lohnen sich oft. Neue sind kaum noch attraktiv. Eine Kündigung sollte man sorgfältig abwägen, den Vertrag gegebenenfalls besser beitragsfrei stellen.

HINWEIS

S. 113

So prüfen Sie Ihre vorhandene Vorsorge

Im Formular „Vorhandene Vorsorge prüfen" müssen Sie Abzüge durch Krankenversicherung und Steuer sowie die Inflation berücksichtigen:

➔ Auszahlbetrag: Die Rentenversicherung zieht bei gesetzlich Krankenversicherten rund 11,5 Prozent von der Bruttorente ab.

➔ Bemessungsgrundlage zur Steuerermittlung: Gesetzliche Renten sind nur zum Teil steuerpflichtig. 2026 sind es 84 Prozent, bis 2058 steigt der Wert in 0,5-Prozentpunkte-Schritten auf 100 Prozent. Private Renten werden mit dem Ertragsanteil besteuert.

➔ Besteuerung mit dem Ertragsanteil: Wer eine lebenslange private Rente mit 67/65/63 erstmals erhält, versteuert nur 17/18/20 Prozent.

➔ Kaufkraft: Zinsen Sie künftige Werte mit dem passenden Faktor aus der Tabelle ab S. 95 ab.

Unter test.de/formulare-altersvorsorge finden Sie ein selbstrechnendes Formular dazu.

Weitere Einkommensquellen

Neben gesetzlicher, geförderter und privater Vorsorge verfügen manche auch über weitere Vermögensgegenstände – allen voran die Immobilie. Auch Aktiendepots, Edelmetalle und zu erwartende Schenkungen und Erbschaften fallen in diese Kategorie. Sie lassen sich in die Vorsorgeplanung integrieren.

Vier von zehn Haushalten in Deutschland leben in eigenem Wohnraum. Die Quote steigt mit dem Alter an: Während in der Altersgruppe bis 24 rund acht Prozent Immobilieneigentümer sind, wächst die Quote bei Rentnerhaushalten auf 51 Prozent.

Das bedeutet: Die eigene Immobilie muss bei rund der Hälfte der Vorsorgenden in die Planung integriert werden. Indirekt geschieht das durch die gesparte Miete, die eine entschuldete Immobilie mit sich bringt. Die monatlichen Kosten der Immobilienbesitzenden sinken dadurch im Vergleich zu Mieterinnen und Mietern.

Es gibt aber auch einen direkten Effekt: Die Immobilie ist der wertvollste Gegenstand in vielen privaten Vermögensbilanzen. Ein Blick in die Immobilienmärkte im Internet zeigt: Auch eine kleine Wohnung steht dort meist mit einem sechsstelligen Wert, Häuser in Ballungsräumen kommen mitunter auch auf niedrige siebenstellige Preise.

Oft besteht der Wunsch, diese Immobilie an die Kinder oder andere Erben weiterzugeben. Doch in immer mehr Haushalten gibt es keine Kinder, oder die Eltern wollen oder müssen den geschaffenen Wert für sich selbst nutzen, weil keine anderen Einkommensquellen in ausreichendem Umfang vorhanden sind. Es stellt sich also die Frage, wie Rentnerinnen und Rentner das Kapital, das in ihrer Immobilie steckt, in laufendes Einkommen umwandeln können.

Am einfachsten ist es, die Immobilie, zum Beispiel das Haus, zum Rentenbeginn, wenn die Kinder schon längst ausgezogen sind, zu verkaufen und auf weniger Fläche zu wohnen, zum Beispiel in einer barrierefreien Wohnung. Dann bleibt aus dem Verkauf in der Regel Geld übrig, wenn die Wohnung weniger kostet, als das Haus an Erlös brachte. Dieser Differenzbetrag ist die Quelle für eine Zusatzrente. Denkbar wäre auch, die barrierefreie Wohnung im Alter nicht zu kaufen, sondern zu mieten. Dadurch stünde der gesamte Erlös für die Zusatzrente zur Verfügung. Andererseits wäre auch die Miete daraus zu finanzieren.

Ein Beispiel: Hans und Lieselotte, er 65, sie 63, verkleinern ihre Wohnfläche im Ruhestand. Sie verkaufen Ihr entschuldetes Eigenheim im Stuttgarter Speckgürtel für 750 000 Euro und ziehen in eine barrierefreie Wohnung, für die sie inklusive Kaufnebenkosten 350 000 Euro bezahlen müssten. Aus der Differenz von 400 000 Euro könnten sie sich bei fünf Prozent Zinsen nach Kosten und Steuern 30 Jahre lang eine Rente entnehmen. Diese betrüge anfänglich 1674 Euro und stiege jedes Jahr um zwei Prozent, um die Inflation auszugleichen.

Die Warmmiete für die Wohnung würde 1750 Euro betragen. Diese könnten sie leicht aus der Entnahme aus den 750 000 Euro bezahlen, wenn sie nicht kaufen, sondern mieten. Die Entnahme läuft 30 Jahre, beträgt 3138 Euro und steigt ebenfalls jährlich um zwei Prozent. Hans und Lieselotte entscheiden sich, zu mieten, weil das für sie und die Kinder mehr Flexibilität bedeutet.

Mietimmobilien

Das Mietshaus und die Mietwohnung bringen monatliche Erträge, Wertzuwachs – und manchmal auch Ärger mit Mietern. Seit 2011 haben sich die Immobilienpreise im Bundesdurchschnitt ungefähr verdoppelt. Da die Mieten diese Entwicklung – aus Mietersicht zum Glück – nicht vollständig nachvollzogen haben, sind die Mietrenditen auf drei bis vier Prozent gesunken.

Solange das so bleibt, könnte ein Verkauf und eine Umschichtung des in der Immobilie gebundenen Vermögens sinnvoll sein. Der Wert einer Immobilie errechnet sich mithilfe der Jahresnettokaltmiete, also der Miete eines Jahres ohne Nebenkosten und Heizung, die mit einem Vervielfältiger multipliziert wird. Dieser liegt je nach Lage und Ausstattung meist zwischen 20 und 30. Eine Wohnung, die netto kalt 2000 Euro bringt, ist also zwischen 480 000 und 720 000 Euro wert. Was sie tatsächlich bringt, zeigt sich aber erst beim Verkauf.

Wertpapiere, Fondsanteile, Edelmetalle

Ihr Wert ist leicht herauszufinden, da für Wertpapiere und Edelmetalle in der Regel börsentäglich Kurse oder Preise verfügbar sind. Die Herausforderung besteht hier in der Antwort auf die Frage, ob sie zum Anleger oder zur Anlegerin passen. Hier spielen die Renditeerwartung, die Risikotoleranz und Abhängigkeiten der Vermögensgegenstände voneinander eine Rolle, Stichwort Korrelation: Ein Exchange Traded Fund (ETF) auf den weltweit anlegenden Index MSCI World und eine Anlage in Gold ergänzen sich oft gut, da sie sich selten gleichläufig entwickeln. Besitzen Anlegende hingegen den ETF und Aktien von Apple oder Microsoft, so ist das eine Doppelung, da beide Aktien im MSCI World ein hohes Gewicht haben und daher dessen Entwicklung maßgeblich mitbestimmen.

Weitere Anlagen

Neben Wertpapieren, Immobilien und Edelmetallen gibt es selbstverständlich noch viele weitere Anlagen, die sich – wie zum Beispiel Bitcoin – stürmisch im Wert entwickeln oder hohe Marktwerte erzielen, etwa Kunst oder Oldtimer. Wir empfehlen, diese in die Rubriken „Spekulation" oder „Hobby" einzuordnen und ihren Wert nicht für die Altersvorsorge anzusetzen. Sie schwanken entweder im Wert zu stark, oder es fehlt ihnen an der Substanz oder an einem berechenbaren und liquiden Handelsplatz. Anders liegt der Fall bei Unternehmen: Inhaber sollten den Wert ihrer Firma gemeinsam mit ihrem Steuerberater schätzen und in die Planung einbeziehen.

Schenkungen und Erbschaften

Wenn Sie eine Schenkung zu einem bestimmten Zeitpunkt sicher erwarten, so können Sie diese einplanen und sollten sie auf die Gegenwart abzinsen (Faktoren dazu finden Sie in der Tabelle ab S. 99). Bei Erbschaften empfehlen wir, diese erst dann einzuplanen, wenn sie eingetreten sind: Erstens, weil der Zeitpunkt zum Glück meist und lange unklar ist. Und zweitens, weil sich zwischenzeitlich vieles ändern kann, vom Sinneswandel des Erblassers über seine erneute Heirat bis hin zu unehelichen Kindern, die plötzlich auf der Bildfläche erscheinen. All das kommt öfter vor, als den Erben lieb sein kann. Auch die Pflegekosten können ein erwartetes Erbe aufzehren.

Individuelle Finanzlücke berechnen

Die meisten haben sie, die wenigsten reden darüber, weil es ein Frustthema ist: die Vorsorgelücke. In diesem Kapitel zeigen wir, wie Sie die Lücke ermitteln und wie Sie sie so schließen können, dass das Sparen dafür Sie finanziell nicht überfordert.

Altersvorsorge ist für die meisten kein Sprint, sondern ein Marathon. Das bedeutet: Läuferinnen und Läufer haben eine lange Strecke vor sich, sollten das Rennen mit dem richtigen Tempo angehen, damit ihnen nicht die Puste ausgeht, und unterwegs Tempo und Kraft den äußeren Bedingungen und Signalen anpassen, die der Körper sendet. Denn das erste Ziel heißt ankommen; eine gute Zeit ist das Sahnehäubchen.

Was heißt das übertragen auf die Altersvorsorge? Laufende und Sparende stecken sich beide ein Ziel: die einen eine Wunschzeit, die anderen ein bestimmtes Versorgungsniveau im Ruhestand. Das Problem dabei: Während Läuferinnen und Läufer aus dem Training meist recht genau wissen, was sie realistisch schaffen können, fragen Vorsorgende zu Recht: „Wie kann ich wissen, was in 20 oder 30 Jahren sein wird?"

80 Prozent des Nettoeinkommens absichern

Auf diese Frage gibt es eine einfache Antwort: Eine Faustregel besagt, dass Vorsorgende 80 Prozent ihres Nettoeinkommens absichern und dafür zehn Prozent ihres Nettoeinkommens sparen sollen. Faustregel bedeutet: Diese Rechnung ist vereinfacht und fußt auf bestimmten Annahmen. Allerdings geht es ja zunächst darum, einen Überblick zu gewinnen. Und es gibt gute Argumente für die Annahme, dass 80 Prozent des Nettoeinkommens im Ruhestand den Lebensstandard sichern:

Berufsbedingte Kosten, also etwa Fahrten zum Arbeitsplatz, Arbeitskleidung und Weiterbildungskosten, sind für Rentnerinnen und Rentner passé. Wohnung oder Haus sind üblicherweise abbezahlt: Damit entfällt ein großer Kostenblock, auch wenn Wohnnebenkosten und Instandhaltungsrücklage weiter anfallen. Manche Rentnerinnen und Rentner ziehen im Alter auch von einem Haus in eine Wohnung und sparen so Kosten. Zudem verringert sich die Steuerlast im Alter für die meisten.

Für eine realistische Einschätzung gilt es aber auch folgende Punkte zu bedenken:

Die Gesundheits- und Pflegekosten steigen: Im Alter können sich die Ausgaben für Medikamente, Behandlungen oder Pflege erheblich erhöhen. Die Kranken- und Pflegekassen bezahlen längst nicht jede Leistung, die sinnvoll erschienen mag.

Manche Rentnerinnen und Rentner sind noch sehr fit und aktiv: Viele Menschen möchten im Ruhestand mehr reisen, Hobbys nachgehen oder kulturelle Angebote nutzen, was die Ausgaben erhöhen kann.

Familienstand und absolute Einkommenshöhe werden außer Acht gelassen: Ein Single mit geringen Bedürfnissen benötigt möglicherweise weniger als eine Familie mit hohen Ansprüchen an Reisen und Luxus. Und Haushalte mit niedrigem Einkommen kommen mit 80 Prozent möglicherweise nicht über die Runden.

Für eine präzisere Planung ist es daher ratsam, eine detaillierte Ausgabenanalyse für den Ruhestand vorzunehmen, sobald dies möglich ist. Hierbei sollten nicht nur die aktuellen Ausgaben, sondern auch erwartete Veränderungen berücksichtigt werden, etwa der Wunsch nach mehr Reisen und zu erwartende Pflegekosten.

Vorsorge regelmäßig anpassen

Da aber niemand in die Zukunft sehen kann, ist die Faustregel zu präzisieren: Abzusichern ist das aktuelle Nettoeinkommen zu 80 Prozent. Außerdem sollte die Vorsorge jährlich an das aktuelle Einkommen angepasst werden. Für die regelmäßige Überprüfung und Anpassung gibt es drei Gründe:

→ **Inflation:** Das Geld verliert über die Jahre an Kaufkraft. Eine feste Sparrate, die nicht angepasst wird, würde im Alter nicht ausreichen, um den gewünschten Lebensstandard zu finanzieren, da der Wert des gesparten Geldes real sinkt.

→ **Einkommensentwicklung:** Das Einkommen steigt im Laufe eines Arbeitslebens in der Regel an, etwa durch Gehaltserhöhungen und Beförderungen oder eine erfolgreiche Existenzgründung. Wenn die Sparrate proportional zum Einkommen angepasst wird, sichert man nicht nur den aktuellen Lebensstandard ab, sondern auch den zukünftigen, der sich mit steigendem Einkommen voraussichtlich erhöht.

→ **Psychologische Faktoren:** Es ist oft einfacher, eine kleine Erhöhung der Sparrate jedes Jahr vorzunehmen, etwa proportional zur Gehaltserhöhung, als eine sehr hohe Sparrate von Anfang an zu leisten (siehe Tabelle auf Seite 27) oder später enorme Summen nachholen zu müssen.

Flexibel sparen mit der Tranchenmethode

Sparerinnen und Sparer, die nicht zu den rentennahen Jahrgängen gehören, wissen in der Regel nicht, welches Einkommen sie kurz vor Renteneintritt erzielen werden. Wie sinnvoll ist es dann, vom aktuellen Nettoverdienst auszugehen, wenn es um den voraussichtlichen Bedarf im Rentenalter geht?

Dieser Einwand ist durchaus bedenkenswert. Doch was wäre die Alternative? In der Regel wird das Einkommen bis zum Rentenbeginn steigen. Das bedeutet aber – gerade für Arbeitnehmerinnen und Arbeitnehmer, die am Anfang ihrer beruflichen Laufbahn stehen: Die Sparraten, die auf einem angenommenen gestiegenen Einkommen beruhen, müssten so hoch sein, dass sie mit dem aktuellen Einkommen überhaupt nicht oder nur mit großen Anstrengungen zu leisten sind – nicht gerade motivierend!

Aber lassen Sie sich auf keinen Fall entmutigen, denn es gibt eine Lösung. Wichtig ist vor allem, mit der Altersvorsorge anzufangen. Sie haben in der Regel genügend Zeit, um Ihre Sparraten Ihren Möglichkeiten anzupassen. Steigt Ihr Einkommen, erhöhen Sie Ihre Sparraten. Dafür gibt es ein einfaches System, das wir Ihnen im Folgenden vorstellen: die Tranchenmethode.

Die Tranchenmethode ist ein flexibles Vorsorgekonzept, bei dem jährlich geprüft wird, ob die angestrebte Altersvorsorge noch zum aktuellen Einkommen passt. Statt mit einer um die Inflationsrate aufgezinsten künftigen Zielgröße zu planen, sichern Vorsorgende jährlich 80 Prozent ihres aktuellen Nettoeinkommens ab und ergänzen ihre Altersvorsorge bei Bedarf um eine neue Spartranche. So wird die Sparrate regelmäßig an Einkommensentwicklung und Lebenssituation angepasst, was Überforderung vermeidet und dennoch ein realistisches Vorsorgeziel absichert – vergleichbar mit einem Marathonlauf, bei dem das Tempo laufend kontrolliert und nötigenfalls korrigiert wird.

Konkret bedeutet das: Nehmen Sie 80 Prozent Ihres aktuellen Nettoeinkommens, stellen Sie Ihre Vorsorge darauf ab, berechnen Sie jedes Jahr ihre aktuelle Lücke und passen Sie den Plan dann nötigenfalls an. Natürlich könnten Sie Ihr Netto auch mit der Inflationsrate auf den Renteneintritt hochrechnen, aber diese im Folgenden als „Hochrechnungsansatz" bezeichnete Methode hat, wie gesagt, den Nachteil, dass die notwendigen Sparraten trotz des Zinseszinseffekts gerade für jüngere Vorsorgende demotivierend hoch ausfallen.

Beispiel: So funktioniert die Tranchenmethode

Die Tabelle auf Seite 27 zeigt ein Beispiel, das die Tranchenmethode mit dem bislang vorherrschenden Hochrechnungsansatz vergleicht. Markus ist 35 Jahre alt und will mit 67 in Rente gehen, also in 32 Jahren. Er kalkuliert mit einem Ende der Zahlungen mit 83 Jahren, was der durchschnittlichen Lebenserwartung entspricht. Daraus ergibt sich eine Rentenphase von 16 Jahren. Diesen Wert kann er später bei den jährlichen Überprüfungen immer noch anpassen, wenn er sich anders entscheidet.

Er folgt den Empfehlungen der Stiftung Warentest und hat bereits in ein ausgewogenes Pantoffel-Portfolio investiert (mehr dazu ab Seite 49). Er rechnet vorsichtig mit fünf Prozent Ertrag nach Kosten für Depot und Fondskauf und Steuern, obwohl die Rendite mit Stand 31. Dezember 2025 bei 30 Jahren Laufzeit rückgerechnet bei 6,1 Prozent liegt. An Sparkapital hat er im Pantoffel-Portfolio bereits 25 000 Euro angesammelt. Der Wert dieses Portfolios wird bis zum geplanten Rentenbeginn ohne zusätzliche Sparraten voraussichtlich auf rund 119 000 Euro ansteigen.

Da er nicht wünscht, dass seine Rente real an Wert verliert, kalkuliert er zwei Prozent jährliche Erhöhung mit ein, was die erwartete Inflation ausgleichen soll.

Nach der Tranchenmethode müsste er 80 Prozent seines aktuellen Nettoeinkommens von 3000 Euro absichern, also 2400 Euro. Rechnet er hingegen sein heutiges Einkommen mit zwei Prozent Inflationsrate hoch, so beträgt dieses zu Rentenbeginn 5654 Euro, wovon er 80 Prozent oder 4523 Euro absichern müsste, also fast das Doppelte seiner aktuellen Bezüge.

Abzüglich seiner bereits erworbenen Rentenansprüche aus der gesetzlichen Rentenversicherung und Betriebsrenten – beim Hochrechnungsansatz fairerweise ebenfalls mit zwei Prozent aufgezinst, was bei der gestzlichen Rente in etwa dem Wert aus der Renteninformation entspricht – und der möglichen Entnahme aus dem Kapital von 119 000 Euro in Höhe von anfänglich 413 / 778 Euro bleibt eine zu schließende Finanzlücke von 1487 / 2803 Euro.

Der Barwert der Vorsorgelücke beantwortet die Frage, wie viel Kapital zum Rentenbeginn vorhanden sein muss, damit die Lücke geschlossen werden kann. Dazu wird der monatliche Fehlbetrag abgezinst, denn es wäre falsch, ihn einfach mit der Zahl der Monate (192) zu multiplizieren. Man kann sich das so klarmachen: Das Kapital, aus dem der Beitrag zur Schließung der Lücke entnommen wird, verzinst sich ja und schrumpft nur langsam. Der Zins trägt also einen Teil der Last.

Damit das zu Schließung der Lücke benötigte Kapital zu Rentenbeginn zur Verfügung steht, ist ein Sparvorgang notwendig. Dieser besteht in beiden Fällen aus 384 gleichen Raten über 32 Jahre.

Mit Vorsorgetranchen realistisch planen

Planen Sie mit dem Ist, statt Ihr Einkommen hochzurechnen.

Die Tranchenmethode reduziert die Belastung für Altersvorsorge auf ein realistisches und erträgliches Maß. Sie verlangt allerdings jährliche Kontrollen und Anpassungen.

	Berechnung der Rentenlücke und des zur Schließung notwendigen Sparbeitrags	Mit Tranchen	Ohne Tranchen
	Vorhandenes Kapital heute	25 000 €	25 000 €
	Aktuelles Alter	35 Jahre	35 Jahre
	Ruhestandsbeginn (Alter)	67 Jahre	67 Jahre
	Dauer der Sparphase (Alter bei Ruhestandsbeginn minus aktuelles Alter)	32 Jahre	32 Jahre
	Ende der Zahlungen (Alter)	83 Jahre	83 Jahre
	Dauer der Rentenphase (Alter bei Ende der Zahlungen minus Alter bei Ruhestandsbeginn)	16 Jahre	16 Jahre
	Erwartete jährliche Rendite nach Steuern und Kosten	5 %	5 %
	Voraussichtlich vorhandenes Kapital zum Rentenbeginn	119 124 €	119 124 €
	Jährl. Erhöhung Entnahmebetrag zum Inflationsausgleich	2 %	2 %
	Monatliche Nettoeinkünfte (mit Tranchen: aktuell; ohne Tranchen: mit Inflationsausgleich)	3 000 €	5 654 €
mal	Gewünschtes Nettoeinkommen im Ruhestand pro Monat (in Prozent vom aktuellen Netto)	80 %	80 %
ergibt	Gewünschtes Nettoeinkommen im Ruhestand pro Monat	2 400 €	4 523 €
minus	Erwartete Alterseinkünfte aus gesetzlicher und Betriebsrente (mit Tranchen: aktuell bzw. abgezinst; ohne Tranchen: mit Inflationsausgleich)	500 €	942 €
minus	Anfänglicher monatl. Entnahmebetrag aus vorhandenem Kapital (dynamisch ansteigend, mit Tranchen: abgezinst)	413 €	778 €
ergibt	**Rentenlücke (-) / -überschuss (+) bei Rentenbeginn**	**-1 487 €**	**-2 803 €**
	Barwert der Rentenlücke / notwendiges Guthaben zu Rentenbeginn	227 815 €	429 327 €
	Notwendige Sparrate zur Schließung der Lücke (monatl. gleichbleibend)	246 €	463 €
	Anteil am Nettoeinkommen	8 %	15 %

HINWEIS

S. 115

Wie Sie Ihre Einkünfte ins Schema einfügen

Im Tranchenmodell sollten Sie Ihre Einkünfte im Formular „Rentenlücke berechnen" wie folgt festhalten, damit die Rechnung stimmt:

➔ **Gesetzliche Rente:** Rechnen Sie mit Ihrer aktuellen Anwartschaft aus der Renteninformation, also Rentenpunkte mal aktueller Wert des Rentenpunkts. Ziehen Sie für die Steuer und Krankenversicherung wie auf Seite 16 beschrieben 12 bis 20 Prozent ab oder berechnen Sie den voraussichtlichen Wert mithilfe des Formulars "Vorhandene Vorsorge prüfen".

➔ Alle Verträge, bei denen Sie ein **aktuelles Guthaben** mitgeteilt bekommen: Nehmen Sie diesen Wert und setzen sie ihn bei Guthaben ein. Bei Lebensversicherungen setzen Sie den Rückkaufswert an, bei Ihrer fondsgebundenen Rente das Guthaben.

➔ Alle Verträge, bei denen Sie eine **Hochrechnung** (Rente oder Guthaben) mitgeteilt bekommen: Nehmen Sie diesen Wert und zinsen Sie ihn mit der erwarteten Inflationsrate auf die Gegenwart ab. Zum Abzinsen wählen Sie den Zinsfaktor aus der Tabelle "Zinsfaktor" ab S. 95, der zu Ihrer erwarteten Inflationsrate und der Zeit bis zum Rentenbeginn passt, also bei zwei Prozent und 30 Jahren 1,8144. Dividieren Sie die Hochrechnung durch diesen Wert: 1000 Euro prognostizierte Rente sind heute 551 Euro wert (1000 dividiert durch 1,8144 ergibt 551,15 Euro).

➔ Alle Gegenstände, die **laufende Erträge** abwerfen, etwa eine vermietete Immobilie: Rechnen Sie mit den Erträgen, also der Miete, ziehen Sie aber vorher damit verbundene Kosten und Steuern ab. Zinsen Sie diese mit dem Faktor auf Seite 95 auf, der zur erwarteten Inflationsrate und Laufzeit passt.

Natürlich könnte im Hochrechnungsansatz auch mit einem dynamisch ansteigenden Sparbeitrag gerechnet werden, aber dann wäre er im Ergebnis sehr nahe an der Variante mit Tranchen, ohne jedoch ihre Flexibilität zu bieten. Denn die Tranchenvariante prüft ihren Kurs einmal im Jahr, wogegen die dynamische Anpassung um einen festen Satz x, zum Beispiel die erwartete Inflationsrate, einmal zu Beginn festgelegt wird.

Das erläuterte Beispiel zeigt eine Sparrate von 246 Euro mit der Tranchenmethode und 463 Euro mit dem Hochrechnungsansatz. Das entspricht acht beziehungsweise 15 Prozent des Nettoeinkommens von 3000 Euro – ein deutlicher Unterschied! Der Wert von 15 Prozent übersteigt zudem deutlich den Richtwert von zehn Prozent, die man in die Altersvorsorge investieren sollte.

Nicht alle Vorsorgenden werden bei einem Einkommen von 3000 Euro in der Lage sein, 463 Euro oder 15 Prozent des Nettoeinkommens allein für die Altersvorsorge zurückzulegen, da ja oft noch andere Projekte und Sparziele existieren – beispielsweise der Eigenheimerwerb oder die Anschaffung eines Autos. Die 246 Euro hingegen erscheinen leistbar. Wenn wir annehmen, dass Markus bereits seit zehn Jahren 150 Euro monatlich für die Altersvorsorge in ein Pantoffelportfolio investiert, wäre er mit 96 Euro mehr pro Monat schon im Plan.

Das Kalkulationsmuster anwenden

Mit etwas Geschick können Sie dieses Schema, das auch als Kalkulationsmuster „Rentenlücke berechnen" im Formularteil enthalten ist, an Ihre Lebenssituationen anpassen. Denn es gibt grundsätzlich in der Vorsorge nur zwei Varianten zu berücksichtigen: entweder Kapital (dann gehört es in die Zeile „Vorhandenes Kapital heute") oder eine laufende Zahlung (dann sind es „Erwartete Alterseinkünfte"). Beide Größen können zudem ineinander überführt werden. Wenn der Zins und die Laufzeit bekannt sind, ergibt sich aus einem Kapital die monatliche Rente. Ein monatlicher Betrag ergibt immer ein Kapital, wenn Laufzeit und Zins feststehen. Im Fall des Sparplans handelt es sich um ein Endkapital, im Fall der Rente oder der Vorsorgelücke um einen Barwert.

Nur dieser ist etwas knifflig, aber man kann ihn sich so erklären: Böte Ihnen jemand eine monatliche Zahlung über x Jahre bei einem Zins von y oder den finanzmathematischen Barwert dieser Zahlungen als einmalige Abfindung dafür, so wären beide Angebote gleichwertig. Denn Sie könnten sich aus dieser Abfindung genau die angebotene Rente selbst auszahlen. Es wäre egal, welche Variante sie wählten.

Unsere Empfehlung: auf Sicht fahren, vom aktuellen Netto ausgehen, die Vorsorge jährlich überprüfen und an die Finanzlage anpassen. Denn Korrigieren ist einfacher als Hellsehen. Durch die Logik der Tranchen wird es auch überflüssig, die Sparrate dynamisch um einen Prozentsatz x zu erhöhen. Der Rentenbetrag hingegen sollte sehr wohl dynamisiert sein. Doch dazu am Ende dieses Kapitels mehr.

Vorteile des Frühstarts

Damit die Tranchenmethode gut funktioniert, sollten Sparerinnen und Sparer früh mit der Altersvorsorge beginnen. Denn je länger die Ansparphase, desto besser wirkt der Zinseszinseffekt zugunsten der Vorsorgenden. Schon wenige Jahre können einen großen Unterschied ausmachen.

Dazu ein Beispiel: Paula beginnt schon direkt nach dem Studium und mit dem Berufseinstieg, nach der Tranchenmethode fürs Alter vorzusorgen. Sie ist zu diesem Zeitpunkt 28 und plant, mit 67 in Rente zu gehen, also in 39 Jahren. Ihr gleichaltriger Cousin Carl beginnt erst sieben Jahre später im Alter von 35 mit der Vorsorge und hat dementsprechend nur noch 32 Jahre Zeit.

Das Warten hat seinen Preis: Carl muss je 10 000 Euro an Kapital, das ihm mit 67 zur Verfügung stehen soll, bei fünf Prozent Zins nach Kosten und Steuern 10,78 Euro statt 7,11 Euro monatlich aufwenden und damit 52 Prozent mehr als seine Cousine Paula. Der Frühstart lohnt sich also.

Dynamische Rente

Nun ist noch die Frage offen, warum die Entnahme aus dem angesparten Kapital ab Rentenbeginn dynamisch ansteigen sollte. Die Antwort: Sobald Sie Rente beziehen, haben Sie keine Möglichkeit mehr, neue Tranchen abzuschließen. Da muss dann alles passen. Die Rente soll real ihren Wert und ihre Kaufkraft behalten, was in einem Szenario der moderaten, aber ständigen Geldentwertung heißt, dass sie nominal, also vom Nennbetrag her, ansteigen muss. Deshalb sollten Sie den Betrag, den Sie sich aus Ihrem Vermögen auszahlen, jährlich um einen festen Prozentsatz erhöhen.

Wir empfehlen Ihnen, die erwartete Inflationsrate als Erhöhung einzukalkulieren, beispielsweise zwei Prozent. Dann behält die Auszahlung ihre Kaufkraft. Das heißt: 100 Euro Rente im ersten Jahr, 102 Euro Rente im zweiten Jahr, 104,04 Euro Rente im dritten Jahr. Dass es im dritten Jahr 2,04 Euro und nicht nur 2 Euro mehr sind, liegt daran, dass die Inflation schon zwei Jahre an ihrer Rente nagt. Der Effekt ist mit dem Zinseszins vergleichbar, er wirkt nur umgekehrt, also zu Ihren Lasten.

Schritt 2: Budget planen

Bevor Sie entscheiden, wie Sie fürs Alter vorsorgen, sollten Sie wissen, was finanziell überhaupt möglich ist. Dieser Abschnitt hilft Ihnen dabei, systematisch Einnahmen, Ausgaben und Sparpotenziale zu ermitteln. Denn nur mit einem klaren Überblick lässt sich festlegen, wie viel Sie heute und künftig regelmäßig oder einmalig zurücklegen können – realistisch, tragfähig und flexibel.

Kassensturz – wie viel ist aktuell für die Vorsorge übrig?

Eine solide Planung für die Altersvorsorge beginnt nicht mit Produkten, sondern mit Zahlen: Welche Einnahmen habe ich, welche Ausgaben? Der Kassensturz zeigt, wie viel finanzieller Spielraum für das Alter vorhanden ist.

Wer sich mit Altersvorsorge beschäftigt, denkt oft zuerst an Produkte: Riester, Rürup, ETF-Sparpläne oder klassische Rentenversicherungen. Doch bevor über Anlagestrategien entschieden werden kann, steht eine grundlegendere Frage im Raum: Wie viel Geld kann ich überhaupt regelmäßig zurücklegen? Die Antwort darauf liefert ein strukturierter Blick auf die eigenen Finanzen, der alle Einnahmen und Ausgaben auflistet und gegenüberstellt.

HINWEIS

S. 119

So erfassen Sie Ihr monatliches Budget

Nutzen Sie das Formular "Einnahmen, Ausgaben und freies Budget", um Ist- und Sollzustand Ihrer Finanzen zu erfassen:

- Erfassen Sie Einnahmen, Fixkosten und variable Ausgaben.
- Nutzen Sie das Formular auch, um Planwerte für Ihr Budget einzutragen.

Damit behalten Sie den Überblick und stellen fest, ob Sie finanziell auf Kurs sind.

Monatliche Einnahmen berechnen

Zunächst gilt es, sämtliche Einnahmen zu erfassen. Gemeint ist dabei nicht nur das monatliche Nettoeinkommen aus dem Hauptberuf. Auch Nebeneinkünfte, etwa Einnahmen aus selbstständiger Tätigkeit, Honorare, Mieteinnahmen oder Unterhaltszahlungen, gehören dazu. Ebenso zählen staatliche Leistungen wie Kindergeld, Wohngeld oder Elterngeld mit. Wer ein 13. Monatsgehalt oder Urlaubsgeld erhält, sollte diese Zahlungen anteilig auf das Jahr verteilen, um ein realistisches monatliches Durchschnittseinkommen zu erhalten.

Ein Beispiel verdeutlicht das Vorgehen: In einer vierköpfigen Familie verdienen beide berufstätigen Elternteile monatlich je 2300 Euro netto. Hinzu kommen 510 Euro Kindergeld sowie ein Nebenverdienst von 300 Euro. Einmal jährlich fließt Urlaubsgeld in Höhe von 1500 Euro. Auf den Monat umgerechnet ergibt sich damit ein durchschnittliches Haushaltseinkommen von 5535 Euro.

Fixkosten addieren

Im nächsten Schritt werden die fixen Ausgaben aufgelistet. Fixkosten sind regelmäßige Zahlungsverpflichtungen, die sich nicht kurzfristig verändern lassen. Dazu gehören Miete oder Kreditraten für das Eigenheim, Nebenkosten wie Heizung, Wasser, Strom und Gas sowie Beiträge für Versicherungen. Auch Telefon- und Internetverträge, Monatskarten für den öffentlichen Nahverkehr, Vereinsmitgliedschaften, Schul- oder Kitabeiträge sowie laufende Kreditrückzahlungen passen in diese Kategorie.

Fixkosten lassen sich meist gut anhand von Kontoauszügen oder Vertragsunterlagen ermitteln. Dabei hilft eine tabellarische Übersicht, in der monatlich fällige Ausgaben aufgelistet und und jährlich fällige Beträge entsprechend auf den Monat heruntergerechnet und beide addiert werden.

Auch hier ein Beispiel: Unsere Familie zahlt 1200 Euro Miete inklusive Nebenkosten, 150 Euro für Strom und Gas, 320 Euro für Versicherungen, 80 Euro für Telekommunikation und 200 Euro für Mobilität. Hinzu kommen 300 Euro monatliche Kreditraten und 70 Euro sonstige Ausgaben. Das ergibt in Summe 2320 Euro Fixkosten.

Variable Ausgaben festhalten

Nachdem die festen Ausgaben erfasst wurden, folgt die oft anspruchsvollere Aufgabe: die variablen Ausgaben zu ermitteln. Dazu zählen alle Ausgaben, die regelmäßig, aber in wechselnder Höhe anfallen – etwa für Lebensmittel, Drogerieartikel, Freizeit, Kleidung, Gesundheit, Geschenke, Restaurantbesuche und Urlaube. Viele unterschätzen diesen Posten, weil sie nur einzelne große Ausgaben im Blick haben. Doch gerade hier schlummert in vielen Haushalten ein erhebliches Sparpotenzial.

Hilfreich ist es, die Ausgaben über mindestens einen vollen Monat zu dokumentieren – am besten per Haushaltsbuch oder App. Auf diese Weise lassen sich Durchschnittswerte ermitteln, die für die langfristige Finanzplanung aussagekräftig sind. Auch Sonderausgaben wie Reparaturen und Anschaffungen sollten berücksichtigt und auf das Jahr umgelegt werden.

Ein Blick auf unser Beispiel zeigt: Die Familie gibt monatlich rund 800 Euro für Lebensmittel, 150 Euro für Kleidung, 250 Euro für Freizeit und Medien, 100 Euro für Gesundheit, 100 Euro für Haushaltsbedarf sowie 200 Euro für gelegentliche Ausgaben wie Restaurantbesuche und Geschenke aus. Insgesamt ergeben sich damit variable Kosten von rund 1600 Euro im Monat.

Überschuss ermitteln

Stellt man nun alle Komponenten gegenüber, ergibt sich der monatliche Haushaltsüberschuss. In unserem Fall: 5535 Euro Einnahmen abzüglich 2320 Euro Fixkosten und 1600 Euro variable Kosten. Übrig bleiben 1615 Euro monatlich. Dieser Betrag steht theoretisch zur freien Verfügung – für Rücklagen, Sonderausgaben, Konsum oder eben für die Altersvorsorge.

Doch so einfach ist es nicht. Ein Haushaltsüberschuss muss zunächst nach Prioritäten verteilt werden. Viele Haushalte möchten Rücklagen für unerwartete Ausgaben bilden, für ein neues Auto oder Eigenkapital für eine Immobilie ansparen. Die Altersvorsorge steht oft nicht an erster Stelle. Dennoch ist es sinnvoll, frühzeitig einen festen Anteil des Überschusses dafür einzuplanen.

Wichtig ist: Der Kassensturz schafft die notwendige Transparenz. Wer Einnahmen und Ausgaben nicht nur überblickt, sondern steuert, kann faktenbasiert rationale Entscheidungen treffen. Beispielsweise können der Wechsel des Stromanbieters und das Streichen überflüssiger Versicherungen den finanziellen Spielraum erheblich vergrößern. In Kombination mit einem konkreten Sparziel wird so aus einem abstrakten Vorsatz eine umsetzbare Maßnahme.

Bestehende Vorsorge optimieren

Altersvorsorge ist selten ein einzelner Vertrag. Meist entsteht im Laufe der Jahre ein bunter Mix. So integrieren Sie alle Bausteine klug in Ihre Vorsorgestrategie.

Am Anfang steht die Aufgabe, Ordnung zu schaffen und einen Überblick zu gewinnen. Die Renteninformation liefert das Fundament. Dann folgt der Blick auf betriebliche Zusagen, auf geförderte Verträge wie Riester oder Basisrente, auf private Lebens- und Rentenpolicen, auf das Depot und auf Immobilien. Entscheidend ist nicht die Summe aller Verträge, sondern die Rolle, die jeder Baustein spielen soll.

Sinnvoll ist eine Dreiteilung: Die gesetzliche Rente und eine verlässliche betriebliche Zusage sichern die Basis. Geförderte Produkte und alte Policen liefern planbare Ergänzungen. Das Wertpapierdepot bringt Flexibilität und Renditechancen. Wer diese Rollen klar verteilt, merkt schnell, wo es klemmt. Häufig fehlt Liquidität, während parallel in teure, unflexible Verträge eingezahlt wird. Oft liegt zu viel Vermögen in der Immobilie, während das Depot zu klein ist.

Was tun mit der Lebensversicherung?

Kaum ein Baustein sorgt für so viel Unsicherheit wie Kapitallebens- und Rentenversicherungen. Viele wurden zu Zeiten mit hohen Garantiezinsen abgeschlossen. Solche Verträge sind häufig wertvoll. Neuere Policen mit niedriger Garantie und hohen Kosten sind dagegen oft Renditebremsen.

Ihre Möglichkeiten: behalten, beitragsfrei stellen oder kündigen. Behalten lohnt, wenn die Garantie überdurchschnittlich ist oder wenn die Auszahlung kurz bevorsteht. Eine Beitragsfreistellung kann sinnvoll sein, wenn der Vertrag teuer ist, die Restlaufzeit lang und das Geld an anderer Stelle mehr bewirkt. Die Police läuft dann mit dem vorhandenen Kapital weiter, liefert aber keine neue Überschussbeteiligung aus frischen Beiträgen. Kündigen ist nur ratsam, wenn die laufenden Kosten sehr hoch sind, die Garantie schwach ist und der Rückkaufswert nahe am Einzahlungsstand liegt. Zu bedenken ist der Versicherungsschutz. Viele Policen enthalten eine Todesfallleistung. Wer beitragsfrei stellt oder kündigt, sollte eine separate Risikolebensversicherung prüfen, die meist deutlich günstiger ist.

Musterrechnung: Lebensversicherung beitragsfrei stellen?

Eine Kapitallebensversicherung aus dem Jahr 2014 hat heute einen Rückkaufswert von 18 500 Euro. Bis zum Ablauf in 15 Jahren wären monatlich 120 Euro einzuzahlen.

Weiterzahlen: Jährlicher Aufwand von 1440 Euro über 15 Jahre. Gesamte neue Einzahlungen 21 600 Euro. Prognostizierter Auszahlungsbetrag 47 000 Euro.

Beitragsfrei stellen: Das vorhandene Kapital wächst langsam weiter und erreicht voraussichtlich rund 24 000 Euro zum Ablauf. Die frei werdenden 120 Euro monatlich fließen in einen weltweit anlegenden ETF.

Bei einer angenommenen Durchschnittsrendite von vier Prozent nach Kosten und Steuern über 15 Jahre ergibt das zusätzlich etwa 29 500 Euro. Zusammen wären das rund 53 500 Euro. Selbst wenn die Rendite nur drei Prozent beträgt, ergibt der ETF-Teil voraussichtlich rund 27 200 Euro, und die Summe läge bei etwa 51 200 Euro.

Im Beispiel schneidet die Beitragsfreistellung plus ETF besser ab als das Weitersparen im Altvertrag. Wichtige Einschränkung: Sinkt durch die Beitragsfreistellung die Todesfallleistung, muss bei Bedarf eine günstige Risikolebensversicherung abgeschlossen werden. Das ist nicht immer möglich.

Immobilien in die Gesamtstrategie einordnen

Wohneigentum ist ein wichtiger Baustein der Altersvorsorge. Mietfreies Wohnen senkt die Ausgaben im Alter zuverlässig und wirkt wie eine Zusatzrente. Wer vermietete Immobilien besitzt, erzielt zusätzliches Einkommen, muss aber Rücklagen für Instandhaltung bilden und Leerstände verkraften. Integration heißt, die Balance zu halten. Wer zu viel Kapital in Mauern bindet, dem fehlt Liquidität für Unvorhergesehenes.

Ein Aspekt wird zudem oft übersehen: Viele leben nach dem Auszug der Kinder in einer zu großen Immobilie. Das Haus ist emotional aufgeladen, finanziell aber eine Belastung. Hohe Nebenkosten, Steuern und Instandhaltung binden Jahr für Jahr Geld.

Eine Verkleinerung kann Spielraum schaffen. Der Verkauf des großen Hauses und der Umzug in eine kleinere Wohnung senken die laufenden Kosten, machen Kapital frei für Rücklagen und Depot und entlasten im Alltag. Das ist kein leichter Schritt, aber er kann ein wirksamer Teil der Vorsorgestrategie sein. Wer an seinem Ort bleiben will, kann auch über Teilverkäufe, Umzug in die Einliegerwohnung oder barrierefreie Umbauten nachdenken. Entscheidend ist, dass die Immobilie zum Leben passt, nicht umgekehrt. Ein Beispiel für den Verkauf des Hauses und den Umzug in eine Wohnung haben wir auf Seite 22 durchgerechnet.

Verträge prüfen, unnötige Kosten abstellen

Wer viele Bausteine hat, zahlt oft zu viel. Doppelversicherungen, Policen mit hohen Verwaltungskosten, Fonds mit Ausgabeaufschlägen oder Depotmodelle mit teuren Service-Entgelten zehren die Rendite auf.

Hier wirkt Integration wie ein Frühjahrsputz. Alte Lebensversicherungen mit sehr hohem Garantiezins bleiben. Verträge mit niedriger Garantie und hoher Kostenquote werden auf den Prüfstand gestellt. Beitragsfreistellung ist häufig klüger als die Kündigung, weil Abschlusskosten bereits bezahlt sind und das Guthaben weiter verzinst wird (siehe Musterrechnung S. 34).

In Fondsdepots lohnt sich der Wechsel auf günstige Indexfonds. Dabei sind Exchange Traded Funds (ETF) auf weltweit anlegende Aktienindizes wie den MSCI World zu bevorzugen, da sie günstig und rentabel sind (mehr dazu im Kapitel über das Pantoffel-Portfolio ab Seite 49) Bei der betrieblichen Altersvorsorge sollten die Zuschüsse und die Kostenstruktur geprüft werden. Wichtig ist, keine Bauchentscheidungen zu treffen: erst rechnen, dann handeln.

Aufräumen und ausmisten

Der 39-jährige Speditionskaufmann Jonas besitzt drei Lebensversicherungen. Zwei sind solide, eine ist teuer und unflexibel. Früher dachte er, drei Verträge seien sicherer als einer. Nach einer Durchsicht wird klar, dass er mit dem teuren Vertrag auf der Stelle tritt. Jonas stellt ihn beitragsfrei, behält die beiden besseren Policen und leitet

Altersvorsorgeprodukte im Vergleich

Versicherungen, Bankprodukte, Fonds – jede Gattung hat ihre Vor- und Nachteile.

Produktart	Abschluss möglich für:	Wie herausfinden, was rauskommt?	Beibehalten sinnvoll?
Direktversicherung	Arbeitnehmer	Standmitteilung vom Versicherer	Ja, vor allem mit Arbeitgeberzuschuss
Pensionskasse	Arbeitnehmer	Jahresmitteilung der Kasse	Meist ja
Pensionsfonds	Arbeitnehmer	Fondsübersicht, Rentenprognose	Bei guter Entwicklung ja
Direktzusage	Arbeitnehmer mit Zusage	Nachfragen beim Arbeitgeber	Entscheidung liegt in der Regel beim Arbeitgeber
Unterstützungskasse	Arbeitnehmer	Auskünfte der Kasse	Wie bei der Direktzusage
Riester-Rente	Förderberechtigte	Jährliche Mitteilung	Bei hoher Förderquote
Rürup-Rente	Selbstständige, Angestellte, Beamte	Jährliche Mitteilung	Bei Steuervorteilen ja
Vermögenswirksame Leistungen	Arbeitnehmer	Kontoauszug, Anbieterinfo	Ja, wenn VL gezahlt werden
Fondssparpläne	Alle mit Depot	Depotübersicht	Ja, bei langfristigem Horizont
Banksparpläne	Bankkunden	Kontoauszug	Alte Verträge ja, neu meist unattraktiv
Private Rentenversicherung	Alle	Jährliche Mitteilung	Ja, bei guter Verzinsung
Kapitallebensversicherung	Alle	Standmitteilung	Alte Verträge ja, sonst prüfen

die frei werdende Sparrate in einen ETF-Sparplan um. Nach einem Jahr sieht er erstmals einen spürbaren Zuwachs im Depot, ohne gänzlich auf Garantien verzichten zu müssen, die ihm die beiden alten Verträge ja bieten. Integration bedeutet hier nicht, radikal abzuschaffen, sondern klug zu gewichten.

Integration ist die eigentliche Kunst der Altersvorsorge. Nicht jedes Produkt muss glänzen. Es reicht, wenn die Summe der Teile verlässlich den Lebensstandard sichert. Alte Verträge werden nicht aus Prinzip gekündigt, sondern in ihrer Rolle bewertet. Beitragsfreistellungen schaffen Luft, wenn das Geld an anderer Stelle mehr bewirkt. Geförderte Produkte werden genutzt, ohne die Liquidität zu gefährden. Immobilien dienen dem Leben, nicht umgekehrt. So entsteht aus Puzzleteilen eine Strategie.

Möglichen Sparbetrag festlegen

Der beste Sparplan funktioniert nur, wenn er zum Alltag passt. Viele Menschen müssen gleichzeitig Rücklagen bilden, Anschaffungen planen und fürs Alter vorsorgen. Dieses Kapitel zeigt, wie man die eigenen Finanzen in sinnvolle Töpfe gliedert – vom Notgroschen bis zur Altersvorsorge – und so Schritt für Schritt Struktur in die Planung bringt.

Bevor Sie Geld für die Altersvorsorge beiseitelegen, sollten Sie eine klare Reihenfolge einhalten. Der erste Schritt ist, alle laufenden Konsumentenkredite zu tilgen – insbesondere Dispo- oder Ratenkredite für Möbel, Elektronik oder Reisen. Die Zinsen dafür sind meist höher als jede Rendite, die Sie mit Spar- oder Anlageprodukten halbwegs sicher erzielen können. Wer das erledigt hat, kann sein frei verfügbares Einkommen auf verschiedene Sparziele verteilen.

Eine Methode dafür ist der Aufbau von Spartöpfen. Sie hilft dabei, finanzielle Ziele zu strukturieren und das verfügbare Geld so einzuteilen, dass kurzfristige Wünsche, mittelfristige Vorhaben und langfristige Absicherung sinnvoll nebeneinanderstehen. Wer seine Töpfe sauber trennt, bleibt motiviert und greift bei Engpässen nicht in den Topf für die Altersvorsorge.

Der erste Topf: der Notgroschen

Er ist das Fundament jeder Finanzplanung. Der Notgroschen federt unvorhersehbare Ausgaben ab – etwa eine Autoreparatur, eine kaputte Waschmaschine oder eine Einkommenslücke, zum Beispiel bei vorübergehender Arbeitslosigkeit oder Auftragsflaute bei Selbstständigen. Empfehlenswert sind zwei Nettomonatsgehälter für Angestellte. Selbstständige sollten je nach Art ihres Geschäfts höhere Rücklagen bilden, zum Beispiel, wenn die Auftragslage erfahrungsgemäß stark schwankt oder sie im Saisongeschäft tätig sind. Auch der Krankheitsfall ist hier zu berücksichtigen, denn anders als Angestellte erhalten sie keine Lohnfortzahlung und Krankengeld selten ab dem ersten Tag und auch nur, wenn sie es versichert haben.

Sogar bei Angestellten klafft hier manchmal eine Lücke: Insbesondere, wer gut verdient und länger als sechs Wochen krank ist, hat dann weniger Geld in der Tasche: Das Krankengeld beträgt 70 Prozent des Brutto-, aber maximal 90 Prozent des Nettoeinkommens – und es gibt eine Deckelung durch die Beitragsbemessungsgrenze. Ein gesetzlich krankenversicherter kinderloser Angestellter in Steuerklasse I, der 6000 Euro brutto verdient, muss sich als Krankengeldbezieher auf rund 760 Euro oder 22 Prozent weniger Netto gefasst machen.

Der Notgroschen gehört auf ein Tagesgeldkonto, damit das Geld schnell verfügbar und sicher ist. Er wird also nicht angelegt, sondern bei niedrigen Zinsen geparkt. Erst wenn dieser Topf vollständig gefüllt ist, werden die folgenden Finanztöpfe befüllt. Denn ohne einen ausreichende Reserve für Notfälle würde jede unvorhergesehene Ausgabe die langfristigen Sparpläne stören oder zu neuen Schulden führen.

Der zweite Topf: kurz- und mittelfristige Wünsche

Fast alle Menschen möchten sich schon Wünsche erfüllen, bevor sie in Rente gehen – ein neues Auto, eine Renovierung, eine Reise oder eine berufliche Weiterbildung. Für diese kurz- bis mittelfristigen Ziele mit einer Laufzeit von ein bis fünf Jahren lohnt sich eine eigene Rücklage. Sie sollte sicher und flexibel bleiben. Tagesgeld oder Festgeld mit überschaubarer Laufzeit sind ideal. Wer etwas Rendite sucht, kann auch einen konservativen Rentenfonds oder einen Anleihen-ETF nutzen. Wichtig ist, dass das Geld in diesem Zeitraum nicht an den Aktienmarkt gebunden ist. Bei diesem Zeithorizont ist nicht sicher, dass die Anlage im Plus bleibt. Es könnte sein, dass die Börse abstürzt und sich noch nicht wieder vollständig erholt hat, wenn das Geld benötigt wird.

Ein Beispiel: Wer innerhalb von drei Jahren 10 000 Euro für eine neue Küche ansparen möchte, legt monatlich bei 2,5 Prozent nach Steuern etwa 267 Euro zurück. So bleiben die Finanzen planbar, und die Altersvorsorge wird nicht angetastet.

Der dritte Topf: das Eigenheim

Viele Familien oder Paare träumen vom eigenen Haus oder einer Eigentumswohnung. Immobilien sind ein Stück Lebensqualität – und können später zur Altersvorsorge beitragen. Bevor sie das aber tun, muss die Finanzierung solide stehen. Falls sie gar kein Immobilieneigentum anstreben, können Sie diesen Topf unbespart lassen und haben so mehr für die Altersvorsorge übrig.

Wer 80 000 Euro Eigenkapital als Basis für einen späteren Immobilienkauf aufbauen will, sollte frühzeitig damit beginnen. Bei einer geplanten Laufzeit von zehn Jahren und einer durchschnittlichen Rendite von vier Prozent nach Kosten und Steuern ergibt sich ein monatlicher Sparbetrag von 541 Euro.

Der Kapitalaufbau kann zum Beispiel über einen ETF-Sparplan erfolgen – Hauptsache, er ist langfristig angelegt und nicht durch spontane Ausgaben gefährdet. Die Immobilie kann später Miete sparen oder durch Vermietung Einkommen bringen, darf aber nicht das gesamte Vermögen binden, sonst entsteht ein zu großes Klumpenrisiko. Finanzielle Flexibilität, Mischung und Streuung bleiben in der Vermögensstruktur ein entscheidender Faktor: Niemand sollte alle Eier in einen Korb legen. Die Immobilie hat bei vielen, die eine besitzen, ohnehin schon ein hohes Gewicht. Deshalb ist der jetzt folgende vierte Topf so wichtig. Er gleicht die Unwucht, die durch die Immobilie entsteht, zumindest ein Stück weit aus.

Der vierte Topf: die Altersvorsorge

Sie bildet die oberste Etage des Sparsystems, zielt auf finanzielle Unabhängigkeit im Ruhestand und braucht daher einen langen Atem. Der Anlagehorizont liegt meist zwischen 20 und 40 Jahren – Zeit genug, um von Zinseszinseffekten und langfristigem Wirtschaftswachstum zu profitieren.

Ein bewährtes Grundgerüst ist ein ETF-Sparplan auf Basis breit gestreuter Aktienindizes wie dem MSCI World, wie er auch im Pantoffel-Portfolio anzutreffen ist – mehr dazu im nächsten Kapitel. Sie investieren weltweit und kostengünstig in mehr als tausend Unternehmen. Wer beispielsweise 200 Euro monatlich über 30 Jahre bei einer durchschnittlichen Rendite von fünf Prozent nach Kosten und Steuern anlegt, erreicht ein Endvermögen von rund 167 000 Euro.

Wichtig ist, die Altersvorsorge getrennt von anderen Zielen zu betrachten. Nur so bleibt sie unangetastet, wenn kurzfristig Geld gebraucht wird. Das ist wichtig, weil Aktienmärkte einbrechen können und es im Extremfall auch einmal länger als ein Jahrzehnt dauern kann, bis diese sich wieder erholt haben. Dies war beim MSCI World zwischen 2000 und 2014 der Fall. Er verlor rund 54 Prozent und erreichte erst nach fast 14 Jahren wieder den Indexstand vor dem Absturz – um sich seitdem bis Ende 2025 gut zu verdreifachen. Ein separates Konto oder Depot hilft, diesen psychologischen Schutz aufzubauen.

Der fünfte Topf: Rücklage für Unvorhergesehenes im Alter

Auch im Ruhestand kann es zu finanziellen Engpässen kommen – etwa durch Pflegebedarf, Umbauten oder Zusatzkosten für Gesundheit. Wer bereits während des Erwerbslebens einen kleinen Altersnotgroschen aufbaut, ist besser vorbereitet. Dieser Topf sollte getrennt von der eigentlichen Altersvorsorge geführt und ebenfalls ertragreich wie die Altersvorsorge angelegt werden. Etwa fünf Jahre vor Rentenbeginn sollte er in sichere und schwankungsarme Anlageformen umgeschichtet werden, weil nicht klar ist, wann wie viel davon zur Verfügung stehen muss.

Eine praktische Umsetzung gelingt über getrennte Konten oder Sparpläne. Beispiel:

- → Konto 1: Notgroschen (mit Priorität auffüllen)
- → Konto 2: Anschaffungen und Reisen
- → Konto 3: Immobilienziel (falls gewünscht)
- → Konto 4: Altersvorsorge (dieses Konto wird niemals angetastet)
- → Konto 5: Rücklage fürs Alter (für alle, die es perfekt machen wollen)

Diese Aufteilung bringt Übersicht, Disziplin und Motivation. Wer sieht, wie jeder Topf wächst, bleibt eher am Ball.

Automatisierung erleichtert die Umsetzung: Daueraufträge am Monatsanfang oder ETF-Sparpläne sorgen dafür, dass das Geld investiert wird, bevor es ausgegeben werden kann. So entsteht ein einfaches, aber wirkungsvolles System, das sich an jede Lebensphase anpassen lässt.

Wie viel in welchen Topf fließt, hängt von Einkommen, Lebensphase und Zielen ab. Eine starre Formel gibt es nicht, aber eine Orientierungshilfe:

- → 10 bis 20 Prozent des Sparbetrags für den Notgroschen (bis das Ziel erreicht ist)
- → 10 bis 20 Prozent für Konsumwünsche
- → 20 bis 30 Prozent für große Vorhaben wie die Immobilie
- → 40 bis 50 Prozent für die Altersvorsorge

Mit zunehmendem Alter verschiebt sich der Schwerpunkt: Jüngere sparen mehr für Konsum und Wohnwünsche, Ältere stärker fürs Alter. Wichtig ist, dass die Summe der Sparraten aller Töpfe realistisch bleibt. Wer sich überfordert, riskiert, nach kurzer Zeit ganz aufzuhören.

Fazit: Viele Menschen beginnen mit der Altersvorsorge, ohne vorher ihre Finanzen zu strukturieren – und geraten dann ins Stocken, wenn plötzlich eine größere Ausgabe ansteht. Das System der Spartöpfe schafft Klarheit und Stabilität. Es trennt die Ziele sauber, vermeidet Zielkonflikte und macht Fortschritte sichtbar. So entsteht eine klare Reihenfolge: erst Schuldenfreiheit, dann Sicherheit, dann Flexibilität, dann Vermögensaufbau. Wer nach diesem Plan vorgeht, hat seine Finanzen jederzeit im Griff.

Schritt 3: Bausteine zur Vorsorge wählen

Altersvorsorge braucht Rendite und Stabilität. Fondssparpläne bieten Rendite bei geringen Kosten, Zinsanlagen dienen als Sicherungsanker – beides lässt sich im Pantoffel-Portfolio kombinieren. Immobilien prüfen wir nüchtern: Eigenheim, Vermietung und offene Immobilienfonds mit Chancen, Aufwand und Risiken. Zudem vergleichen wir private Renten: klassisch meist teuer und zinsarm, fondsgebunden chancenreicher – sinnvoll vor allem bei geplanter Verrentung und langem Atem.

Renditebringer: Sparpläne mit ETF und Aktienfonds

Aktien schlagen Zinsanlagen langfristig – doch wer nur Einzelwerte kauft, spekuliert. Mit einem breit gestreuten Fondsportfolio können Sie schon mit kleinen Sparraten von den Aktienmärkten profitieren. Entscheidend sind dabei die Fondsauswahl, Geduld und das richtige Depot.

Wenn es in der Volkswirtschaftslehre eine Wahrheit gibt, die kaum jemand anzweifelt, ist das diese hier: Eigentümer müssen langfristig einen besseren Ertrag erzielen als Kreditgeber. Sonst könnten die Eigentümer die Kredite, die sie für die Schaffung neuen Eigentums aufnehmen, nicht zurückzahlen.

Genau das ist der Grund, warum Aktien langfristig immer mehr Rendite gebracht haben als Anleihen. Wer eine Aktie besitzt, dem gehört ein Stück eines Unternehmens. Wer eine Anleihe sein Eigen nennt, der hat nur einen in Geldeinheiten ausgedrückten Anspruch auf Zins und Tilgung, also Rückzahlung. Und der unterliegt vollständig der Geldentwertung. Aktien hingegen können – anders als viele Zinspapiere – langfristig ein tauglicher Schutz gegen Inflation sein.

Aber wer nur in Einzelaktien investiert, spekuliert. Erst mit vielen verschiedenen Aktien, die aus unterschiedlichen Regionen der Welt und aus unterschiedlichen Branchen stammen, wird aus Spekulation überlegte Kapitalanlage. Denn wenn es in einem Sektor der Wirtschaft oder in einem Land mit den Kursen bergab geht, besteht die Chance, dass andere Sektoren und Regionen dies ausgleichen. Das nennt man Mischung und Streuung der Anlagen.

Die zweite wichtige Zutat für den Erfolg ist Geduld. Wer nur ein Jahr oder fünf Jahre auf das Geld verzichten kann, das in Aktien angelegt ist, spekuliert, auch wenn er oder sie streut. Stellen Sie sich darauf ein, dass Sie im Zweifel zehn Jahre und länger warten müssen, bis sich die Strategie auszahlt.

Nimmt man eines der wichtigsten Börsenbarometer als Beispiel, den Aktienindex MSCI World, der die Entwicklung von aktuell rund 1300 Aktien großer und mittelgroßer Unternehmen aus 23 Industrieländern abbildet, so waren Anlegende mit einem Sparplan historisch gesehen spätestens nach 14 Jahren auf der Gewinnerseite.

Nun können die wenigsten Privatanleger alle 1300 Aktien kaufen, die im MSCI-World-Index enthalten sind, schon gar nicht in der richtigen Gewichtung. Dafür wären ein Millionenbetrag und ein üppiges Zeitbudget notwendig. Aber zum Glück für Privatanlegerinnen und -anleger gibt es Exchange Traded Funds, bekannt vor allem unter ihrer Kurzbezeichnung ETF.

Das sind Investmentfonds, genauer gesagt sogenannte Indexfonds, die an der Börse gehandelt werden. Sie bilden den MSCI World und viele andere Aktienindizes dieser Welt nach. Anlegende können ETF häufig ab einer Sparrate von 25 Euro erwerben.

Mit ETF ist Ihr Investment gestreut und das Risiko, mit wenigen Aktien danebenzugreifen, minimiert. Auch andere Aktienindizes sind über ETF zugänglich, so etwa der Euro Stoxx 50 oder der Dax, aber bei ihnen fällt das Verhältnis von Risiko und Ertrag historisch gesehen meist weniger günstig aus als beim MSCI World – auch weil sie deutlich weniger breit gestreut sind.

Nur die wenigsten Fondsprofis schlagen den Index

Bei europaweiter Anlage schneidet nur jedes siebte Fondsmanagement nach fünf Jahren noch besser ab als der Vergleichsindex, bei weltweiter Anlage sogar nur eines von 20 Teams. Anlegende fahren mit ETF daher meist besser.

Region	Vergleichsindex	Anteil der Fonds, die den Index im Zeitraum geschlagen haben:		
		1 Jahr	3 Jahre	5 Jahre
Aktien Europa	MSCI Europe Standard Core (gross) Index (USD)	24,6%	15,2%	15,0%
Aktien Welt	MSCI World Standard Core (gross) Index (USD)	13,7%	4,8%	5,4%

Quelle: Scope Fund Analysis, Stand: 31.12.2024

ETF und aktiv gemanagte Fonds

Ein ETF bildet die Zusammensetzung des jeweiligen Aktienindexes ab, auf den er sich bezieht. Da hier niemand aktiv in die Zusammensetzung eingreift, nennt man diese Form von Fonds auch passive Fonds. Im Gegensatz dazu trifft bei aktiv gemanagten Fonds ein Fondsmanagement die Anlageentscheidungen. Das Ziel solcher Fonds ist es, besser als der jeweilige Index, der ihm als Messlatte dient, abzuschneiden. Aber: Die Realität zeigt, dass es kaum ein Managementteam schafft, den Markt dauerhaft zu schlagen. Auch wenn das eine Zeit lang, vielleicht sogar über einige Jahre, gelingt: Langfristig schneidet der Index in der Regel besser ab. Beim MSCI World zum Beispiel schaffen das auf Sicht von fünf Jahren nur 5,4 Prozent der Fondsmanager.

Erschwerend kommt hinzu: Selbst wenn das Fondsmanagement den Index schlägt, kann der Fonds auf der Ebene des Anlegers schlechter abschneiden als der Index. Der Grund: Bei aktiv gemanagten Fonds bezahlen Anlegende höhere laufende Kosten für Management und Vertrieb. Sie verringern die Rendite unterm Strich oft um mehr als einen Prozentpunkt. Zwar können Sie mit ihrer Bank verhandeln oder über einen Fondsdiscounter ohne Ausgabeaufschlag einkaufen, aber das lindert das Problem bestenfalls. ETF hingegen zeichnen sich durch niedrige Kosten in der Größenordnung von 0,12 bis 0,5 Prozent der Anlagesumme aus.

Am Ende gilt: ETF sind für die meisten die beste Lösung. Ausnahme: Wenn Sie Wert auf strenge Nachhaltigkeit legen, kommen Sie um aktive Fonds nicht herum. Nachhaltige ETF schneiden in den Untersuchungen der Stiftung Warentest bisher nur mittelmäßig ab, was die Strenge der Kriterien für Nachhaltigkeit betrifft.

Erträge aus Aktienfonds, egal ob ETF oder aktiv gemanagt, müssen Sie mit dem Fiskus teilen. Er greift auf zwei Ebenen zu – bei der Fondsgesellschaft und beim Anleger. Erträge in Höhe des jährlichen Sparerpauschbetrags sind steuerfrei. Er beträgt 1000 Euro (2000 Euro für Ehepaare).

Die Steuerregeln für Fonds sind äußerst komplex. Hier nur die wichtigsten: Anlegende müssen laufende Erträge der Fonds und solche aus Anteilsverkäufen versteuern. Bei Aktienfonds sind 30 Prozent der Erträge steuerfrei. Auf den Rest fallen 25 Prozent Kapitalertragssteuer an. Hinzu kommen 5,5 Prozent dieses Betrags als Solidaritätszuschlag. Das macht insgesamt 26,375 Prozent. Eventuell kommt noch Kirchensteuer dazu. Wer Immobilienfondsanteile besitzt, bekommt eine Freistellung von 60 Prozent. Investiert der Fonds zu mindestens 51 Prozent in ausländische Immobilien, sind sogar 80 Prozent freigestellt.

Bei Fonds, die Erträge thesaurieren, also wieder anlegen, wird am Jahresanfang eine Vorabpauschale auf den Fondswert erhoben. Sie beträgt 70 Prozent des Basiszinses, den das Finanzministerium zu Jahresbeginn bekannt gibt. Für 2026 sind das 2,24 Prozent (70 Prozent von 3,2 Prozent). Ist der tatsächliche Wertzuwachs Ende 2026 dann geringer als 2,24 Prozent des Fondswertes vom Jahresanfang, dann ist nur dieser zu versteuern. Wird die Steuer bei einem späteren Verkauf berechnet, werden die Vorabpauschalen der Vorjahre berücksichtigt.

Zum Glück müssen Sie diese Regeln im Detail weder kennen noch anwenden können: Einmal pro Jahr im ersten Quartal, spätestens aber bis 31. März, erhalten Fonds- und ETF-Besitzer ein Dokument namens Jahressteuerbescheinigung. Darin ist genau aufgeführt, welchen Betrag sie in welcher Zeile der Steuererklärung einsetzen müssen.

Das richtige Depot finden

Ehe Sie Fonds, Aktien, Anleihen oder andere Wertpapiere kaufen können, müssen Sie ein Depot eröffnen. Das geht bei einer Filialbank oder Sparkasse, aber auch bei Onlinebrokern. Der Unterschied: Die Anbieter erheben für die Dienstleistungen rund ums Wertpapierdepot sehr unterschiedliche Preise. Bei vielen Banken zahlen Anlegerinnen und Anleger jedes Jahr für die Verwahrung von Fonds und Wertpapieren, bei anderen Instituten, vor allem Direktbanken, Online- und Neobrokern, ist die Verwahrung kostenlos. Auch die Entgelte für den Kauf und Verkauf von Wertpapieren variieren von Bank zu Bank. Nur bei einigen Neobrokern (Smartphone-Brokern) gibt es auch diese Dienstleistung gratis.

Wer ein Depot bei einer Filialbank eröffnet, kann sich dafür bei allen Fragen rund um den Wertpapierhandel an seinen Kundenbetreuer oder seine Kundenbetreuerin wenden. Bei den deutlich billigeren Depots von Direktbanken oder Onlinebrokern gibt es meist nur eingeschränkte oder keine persönliche Beratung.

Bei vielen Filialbanken können Anlegerinnen und Anleger, die dort ein Onlinedepot haben, eine Order wahlweise mit Beratung abwickeln oder kostengünstiger selbst am Computer aufgeben. Das Verwahrentgelt, sozusagen die Miete fürs Depot, bleibt aber oft unverändert hoch.

Wie ein Girokonto hat jedes Wertpapierdepot eine eindeutige Identifikationsnummer, die Depotnummer. In einem Wertpapierdepot gibt es keinen Barbestand, Anleger bekommen deshalb ein zusätzliches Verrechnungskonto für die Abwicklung von Wertpapiertransaktionen, falls kein Girokonto beim selben Institut besteht.

Den Antrag zur Depoteröffnung füllen Sie gemeinsam mit der beratenden Person oder bei Direktbanken am Computer aus. Für die Depoteröffnung müssen Sie sich außerdem legitimieren – in der Filialbank persönlich mit einem Ausweisdokument, bei Onlinebanken oft über das sogenannte Postident-Verfahren unter Vorlage eines Ausweisdokuments in einer Postfiliale oder per Videoident-Verfahren im Bildschirmdialog am Smartphone oder Computer. Wer einen maschinenlesbaren Personalausweis besitzt und für die Online-Ausweisfunktion registriert ist, kann sich bei einigen Banken sogar mit speziellen Apps identifizieren. Das spart Zeit und Aufwand.

Über die Jahre können die Depotkosten heftig an Ihrer Rendite nagen. Sie sollten sich daher für ein möglichst billiges Depot entscheiden. Darüber hinaus können bei der Depotauswahl etwa die Anzahl der Börsenplätze und das Angebot an Fonds- und ETF-Sparplänen eine Rolle spielen.

Unter test.de/depotkosten bieten wir – regelmäßig aktualisiert – einen detaillierten Vergleich von Kosten und Leistungen für über 40 Depots an. Mit zahlreichen Filtermöglichkeiten können Sie leicht das für Sie passende Depot herausfinden.

Der Vergleich lohnt sich: Im Dezember 2025 verlangte der teuerste Anbieter beim mittleren Modelldepot mit 50 000 Euro und zwölf Orders pro Jahr bis zu 814 Euro mehr im Jahr als die günstigsten fürs Verwahren und die Orders. Die Neobroker Finanzen.net Zero, N26, Tradegate direct, Traders Place und Smartbroker+ berechneten für alle unsere Modelldepots keine Kosten. Bei den Filialbanken war das Santander Wertpapierdepot am preiswertesten.

Je nachdem, was im Depot landen soll, sind unterschiedliche Lösungen unterschiedlich gut geeignet. Die Tabelle auf der folgenden Seite gibt einen Überblick: Während ETF-Anlegende und -Sparende bei Direktbanken, Online- und Discount- oder Neobrokern am besten aufgehoben sind, können Investorinnen und Investoren, die aktiv gemanagte Fonds wünschen, auch von spezialisierten Fondsvermittlern sehr günstige Angebote erhalten.

Am Ende hängt die Entscheidung auch davon ab, wie viele Bankverbindungen Sie managen wollen und ob sie sich zum Beispiel mit den App-Lösungen der Neobroker wohlfühlen. Wer die Zahl der Finanzinstitute, mit denen er oder sie zusammenarbeitet, überschaubar halten möchte, kann Depot, Verrechnungskonto und Tagesgeldkonto bei einem Anbieter führen. In diesem Fall scheiden Filialbanken und einige Neobroker aus der Auswahl aus, weil sie entweder zu teuer oder leistungsschwach sind (Filialbanken) oder nicht immer über alle Bausteine verfügen (Neobroker). Übrig bleiben Direktbanken. Anlegende sollten dann überlegen, ob sie auch gleich das Girokonto dorthin verlegen wollen. Wer sein Girokonto beim selben Institut führt, braucht oft kein Verrechnungskonto für Wertpapierorders, da das Girokonto dann dessen Rolle übernimmt.

So funktioniert der Kauf

Bevor Sie zum ersten Mal Wertpapiere kaufen, müssen Sie ausreichend Geld auf das Verrechnungskonto überweisen oder über genügend Guthaben auf dem Girokonto verfügen, wenn dieses als Verrechnungskonto fungiert. Über die Wertpapiersuche finden Sie das gewünschte Wertpapier, am besten, indem sie dessen ISIN oder WKN eingeben. Beides sind Kombinationen aus Buchstaben oder Zahlen, die ein Wertpapier ähnlich wie eine Artikelnummer eindeutig identifizieren. Dann gilt es, die Stückzahl so festzulegen, dass der Kaufbetrag der gewünschten Anlagesumme möglichst nahekommt.

Den Kauf selbst autorisiert man wie beim Onlinebanking mit einer Transaktionsnummer (Tan), die Sie zum Beispiel per SMS oder über eine Push-Tan-App erhalten. Diese App muss einmalig auf dem Smartphone installiert und aktiviert werden. Separate Tan-Generatoren gibt es immer seltener.

Die Order wird meist sofort ausgeführt. Abrechnung und Wertstellung erfolgen typischerweise zwei Geschäftstage später. Im Depot ist die Position oft schon vorher als vorgemerkt sichtbar. Für den Kauf berechnen Bank oder Broker ein Entgelt. Viele Filial- und Direktbanken verlangen Mindestpreise von 10 Euro. Dann empfiehlt es sich,

Der beste Broker für verschiedene Anlagewünsche

Gemessen an Kosten und Angebotspalette sind Direktbanken meist die beste Wahl. Wer aktive Fonds wünscht, bekommt bei Fondsvermittlern aber oft bessere Angebote. Und wer sich nicht für aktive Fonds interessiert, ist bei Neobrokern oft sehr gut aufgehoben.

Welches Angebot passt für …?	Filialbank	Direktbank	Neobroker	Fondsvermittler	Fondsgesellschaft
Aktienanleger	❑	■	■	+	+
Fondsanleger	❑	◨	❑	■	❑
Fondssparer	❑	◨	❑	■	❑
ETF-Anleger	❑	■	■	❑	+
ETF-Sparer	❑	■	■	❑	+

Beurteilung bezüglich Kosten und Auswahl/Angebot:
❑ = mögliche Lösung. ◨ = gute Lösung. ■ = beste Lösung. + = nicht möglich oder nicht sinnvoll.
Quelle: eigene Darstellung, Stand: November 2025

keine zu kleinen Orders aufzugeben, da sonst die Entgelte überproportional ins Gewicht fallen und die Rendite zu stark schmälern können.

Praktisch: ETF-Sparpläne zur Altersvorsorge

Für die Altersvorsorge empfiehlt sich ein Sparplan. Damit können Sie in selbst festgelegten Intervallen (etwa monatlich) genau das sparen, was Ihrem Budget entspricht. Sparpläne sind oft günstiger als die einzelne Order, bei Neobrokern sogar komplett kostenlos. Die preiswertesten Anbieter finden Sie unter test.de/depotkosten und test.de/etf-sparplan (mit Flatrate kostenfrei).

Die Rate eines Sparplans lässt sich kurzfristig ändern, ein laufender Sparplan ohne Formalitäten unterbrechen oder auflösen. Außerdem ist es möglich, jederzeit einen Teil der ETF-Anteile zu verkaufen. Unter test.de/etf-sparplan finden Sie einen Vergleich von möglichen Sparplanintervallen und Ratenhöhen bei den einzelnen Anbietern. Die meisten bieten ETF-Sparpläne für Monatsraten ab 10 bis 25 Euro an, einige sogar schon ab einem Cent oder einem Euro.

Im Vergleich zur einmaligen Order haben Sparpläne noch einen weiteren Vorteil: Sie investieren regelmäßig. Dadurch kaufen Sie bei niedrigen Kursen für den gleichen Betrag mehr Anteile und bei hohen Kursen weniger. Das kann helfen, ein ungünstiges Timing beim Einstieg zu vermeiden und den durchschnittlichen Kaufpreis über die Zeit zu glätten. Dieser Mechanismus wird oft als Cost-Average-Effekt oder Durchschnittskosteneffekt bezeichnet.

Ein Renditevorteil ist dadurch jedoch nicht garantiert – wie sich Ihr Ergebnis entwickelt, hängt vor allem von der langfristigen Wertentwicklung des Marktes und der Dauer der Anlage ab. Sinken die Kurse, hilft auch kein Durchschnittskosteneffekt.

Absicherung: Zinsanlagen in der Altersvorsorge

Sicher im Ertrag, kalkulierbar in der Laufzeit und verlässlich im Werterhalt – Zinsanlagen sind ein Kernbaustein der Altersvorsorge, wenn man die richtigen auswählt. Hier erfahren Sie, welche Formen es gibt, worauf Sie achten sollten und welche Produkte Sie besser meiden.

Zinsanlagen – darunter Tagesgeld, Festgeld, Anleihen und geldmarktnahe Fonds – zeichnen sich durch planbare Erträge und ein hohes Maß an Sicherheit aus. Damit dienen sie als stabiler Ausgleich zu renditestärkeren, aber schwankungsanfälligeren Anlageformen wie Aktien. Im Gegensatz zur Rendite von Aktienanlagen ist bei Zinsanlagen von vornherein sicherer, was am Ende herauskommt. Anlegerinnen und Anleger sollten bei der Auswahl dennoch nicht allein auf den Zinssatz achten. Ebenso wichtig sind Bedingungen wie Laufzeit, Mindestanlagesumme oder Einschränkungen beim vorzeitigen Zugriff auf das angelegte Geld.

Zinsanlagen leisten zudem einen wichtigen Beitrag zur Risikostreuung. Während die Aktienmärkte teils erheblichen Schwankungen unterliegen, bleibt das eingezahlte Guthaben auf Tages- oder Festgeldkonten auf jeden Fall erhalten, auch wenn sich die Höhe des Zinses ändern kann. Bei Tagesgeldkonten kann das geschehen, wenn die Marktbedingungen sich ändern, bei Festgeld ist der Zins bis zum Ende der Festlegungsfrist garantiert.

Klassische Zinsbausteine

Zinsanlagen lassen sich in mehrere Hauptkategorien unterteilen, die sich hinsichtlich Verfügbarkeit, Laufzeit, Zinshöhe und Risiko unterscheiden:

Tagesgeldkonten bieten variable Zinsen und tägliche Verfügbarkeit des Guthabens. Sie eignen sich, um Liquiditätsreserven zu halten, auf die im Notfall oder bei unerwarteten Ausgaben kurzfristig zugegriffen werden kann. Die Zinssätze können sich während der Anlagedauer ändern, was sowohl Chancen als auch Risiken mit sich bringt. Für die Altersvorsorge ist Tagesgeld vor allem als kurzfristiger Park- oder als Sicherheitsbaustein geeignet.

Beim **Festgeld** wird ein fester Zinssatz für einen festgelegten Zeitraum vereinbart, typischerweise zwischen drei Monaten und mehreren Jahren. Während dieser Zeit ist das Kapital gebunden. Festgeld bietet mehr Planbarkeit als Tagesgeld, da die Zinsen nicht schwanken. Allerdings ist die vorzeitige Verfügung meist ausgeschlossen oder nur gegen Zinsabschläge möglich. Für die Altersvorsorge kann Festgeld eine verlässliche Ertragskomponente sein, insbesondere in Zinsphasen, in denen attraktive Konditionen nur für mittlere oder längere Laufzeiten angeboten werden.

Auch festverzinsliche Wertpapiere wie **Staats- oder Unternehmensanleihen** können in dieser Funktion eingesetzt werden. Anleihen können Sie mittlerweile auch einfach und preiswert in Form von sogenannten **Rentenfonds und Renten-ETF** erwerben. Zwar können Rentenfonds bei steigenden Marktzinsen zwischenzeitlich an Wert verlieren, langfristig bieten sie jedoch einen stetigen Ertragsstrom und tragen zur Stabilisierung des Portfolios bei. Wir empfehlen Rentenfonds daher für den Sicherheitsbaustein unseres Pantoffel-Portfolios (mehr dazu ab Seite 49) Geeignete ETF finden Sie ab Seite 103 und unter test.de/fonds (mit Flatrate kostenfrei).

Immer die besten Zinsangebote

Unter test.de/zinsen erhalten Sie einen aktuellen Überblick über Tages- und Festgelder, Sparbriefe und ethisch-ökologische Zinsanlagen (mit Flatrate kostenfrei). Sie finden dort mehr als 1200 Angebote für verschiedene Laufzeiten. Schutz vor unseriösen Angeboten bietet die Liste der dubiosen Angebote unter test.de/warnliste.

Problematische Produkte

Nicht alle Produkte, die mit Zinsen oder garantierten Erträgen werben, eignen sich für den langfristigen Vermögensaufbau oder die Altersvorsorge. Manche Konstruktionen sind unnötig kompliziert, enthalten hohe versteckte Kosten oder bieten eine unzureichende Rendite im Verhältnis zum Risiko. Nach Einschätzung unserer Expertinnen und Experten sollten Sie bei den folgenden Produktarten besonders vorsichtig sein:

Indexgebundene Rentenversicherungen (Indexpolicen) kombinieren eine garantierte Mindestverzinsung mit der Möglichkeit, an der Entwicklung eines Aktienindex zu partizipieren. In der Praxis sind diese Produkte oft komplex, intransparent und teuer. Für die Altersvorsorge sind sie in der Regel ungeeignet. Mehr dazu auf Seite 59.

Manche Angebote kombinieren klassische Lebens- oder Rentenversicherungen mit Fondsanlagen. Diese **Hybridprodukte** wirken auf den ersten Blick flexibel, verursachen aber oft hohe Abschluss- und Verwaltungskosten. Die Struktur erschwert zudem die Bewertung der tatsächlichen Rendite. Eine klare Trennung zwischen Versicherungsschutz und Kapitalanlage ist in der Regel die transparentere und kostengünstigere Lösung. Mehr dazu im Abschnitt über fondsgebundene Rentenversicherungen (S. 55).

Strukturierte Anleihen koppeln die Zinszahlung an Marktbedingungen, beispielsweise an die Entwicklung eines Aktienindex oder Rohstoffpreises, und locken oft mit hohen Zinsversprechen. Sie bergen jedoch ein erhöhtes Ausfall- oder Kursverlustrisiko und sind zudem schwer vergleichbar und häufig nur eingeschränkt handelbar.

Festzinsangebote ohne ausreichende Einlagensicherung: Manche ausländische Anbieter locken mit überdurchschnittlich hohen Festgeldzinsen, unterliegen jedoch nicht der europäischen oder deutschen Einlagensicherung. Im Falle einer Insolvenz kann dies zum Verlust der Anlage führen. Wir empfehlen nur solche Banken, die ihren Sitz in wirtschaftlich starken Ländern haben. Denn auch wenn die Einlagensicherungsrichtlinie für alle Länder der EU gilt, ist unklar, ob die Einlagensicherungstöpfe wirtschaftlich schwächerer Länder gut genug gefüllt sind, um Sparer nach einer größeren Bankpleite zeitnah entschädigen zu können.

Zu den empfohlenen Ländern zählen Großbritannien, Irland, die Niederlande, Luxemburg, die Schweiz, Österreich, Tschechien sowie Dänemark, Schweden, Norwegen und Finnland. Nicht empfehlenswert aus Sicht unserer Finanzexperten sind zum Beispiel Spanien, Portugal, Griechenland, Italien oder Polen, aber auch Frankreich und Belgien (Stand: Oktober 2025). Weitere Infos zur Einlagensicherung finden Sie unter test.de/einlagensicherung.

Rendite und Sicherheit gut ausbalanciert: das Pantoffel-Portfolio

Geldanlage mit überschaubarem Risiko, kostengünstig, möglichst bequem, flexibel und trotzdem ertragreich? Das Pantoffel-Portfolio von Stiftung Warentest Finanzen leistet genau das. Es kombiniert eine Zinsanlage mit weltweit anlegenden ETF und hat in der Vergangenheit auf ganzer Linie überzeugt.

Die Stiftung Warentest hat schon vor mehr als einem Jahrzehnt ein langfristiges Geldanlagekonzept entwickelt, das Rendite, Sicherheit und Verfügbarkeit gut ausbalanciert. Es besteht aus nur zwei Komponenten: einem Sicherheitsbaustein aus Zinsanlagen, der mögliche Verluste begrenzt, und einem Renditebaustein aus einem, mitunter auch zwei ETF oder Aktienfonds, um an den Chancen der Börse teilzuhaben. Es ist einfach und bequem wie ein Pantoffel und heißt deshalb auch so: Pantoffel-Portfolio.

Der „Pantoffel" ist schnell angelegt und braucht nur wenig Pflege. Das macht ihn zum idealen Instrument für die Altersvorsorge. Das Verhältnis von Rendite und Risiko können Sie durch die Gewichtung der Bausteine gestalten. Nutzen Sie dazu die Formulare „Pantoffel-Portfolio erstellen" und „Portfolio überprüfen und anpassen".

Zwei Bausteine genügen

Der Sicherheitsbaustein enthält mit Stand 31. Dezember 2025 Euro-Rentenfonds. Auch Tages- und Festgeld kommen ersatzweise in Betracht. Der Sicherheitsbaustein des Pantoffel-Portfolios ist bei niedrigen Zinsen zwar ertragsarm, aber dafür schwankt er bei Euro-Rentenfonds nur wenig und bei Tages- und Festgeld gar nicht im Wert.

Als Aktienfonds kommen ETF zum Einsatz. Kern ist ein ETF, der den weltweit anlegenden Index MSCI World oder einen anderen Weltindex nachbildet. Er bringt den Löwenanteil der Erträge – in den gleitenden 10/20/30-Jahreszeiträumen seit 1970 waren es zum Jahresende 2025 im Mittel 12,1/11,0/8,6 Prozent pro Jahr. Geeignete ETF finden Sie ab Seite 103 und unter test.de/fonds (mit Flatrate kostenfrei).

In welchem Verhältnis Sie die Komponenten Sicherheits- und Renditebaustein mischen, hängt von Ihrer Risikotoleranz ab. Wir unterscheiden drei Varianten: defensiv mit 25 Prozent, ausgewogen mit 50 Prozent und offensiv mit 75 Prozent Aktien-ETF. Vorsichtige packen 75 Prozent in die Zinskomponente, Mutige nur 25 Prozent. Das ausgewogene Pantoffel-Portfolio passt für die meisten Anlegerinnen und Anleger. Um Ihre Risikobereitschaft und -tragfähigkeit einschätzen zu können, können Sie die Formulare „Risikoprofil ermitteln" und „Das ist mir wichtig bei der Geldanlage" nutzen.

Das Gute am Pantoffel-Portfolio: Sie bleiben stets flexibel. Sollten Sie irgendwann Ihre Anlage anders strukturieren wollen, können Sie jederzeit ganz oder teilweise umsteigen. Beim Pantoffel sind Sie nicht durch langfristige Verträge, aus denen man oft nur mit finanziellen Verlusten aussteigen kann, in Ihrer Anlage gefangen.

Empfohlene Anlagedauer und maximaler Verlust

Eine wichtige Zutat für den Erfolg ist Geduld. Wer nur ein Jahr oder fünf Jahre auf das Geld verzichten kann, sollte nicht in Aktien anlegen. Denn auch wenn die Investition gut gestreut über einen ETF erfolgt: Bei einem derart kurzen Zeithorizont wäre die Anlage reine Spekulation.

Unsere Untersuchungen zeigen zum Beispiel für den MSCI World: Erst ab neun Jahren Anlagedauer sinkt das Risiko, dass Verluste entstehen, auf zehn Prozent.

Ab 14 Jahren waren Anlegende historisch gesehen immer auf der Gewinnerseite. Das gilt für Sparpläne und für Einmalanlagen. Das ist zwar keine Garantie, dass es auch künftig so kommt, aber solange die Mechanismen, die hinter den Aktienmärkten stecken, intakt sind, müsste das auch in Zukunft funktionieren. Und sollte beim Sparplan am Ende doch ein Minus vor der Rendite stehen, was beim MSCI World in den letzten 30 Jahren bei den Zehnjahreszeiträumen, die zwischen 2008 und 2009 endeten, der Fall war, dann heißt es: kurz abwarten. Denn die Rendite drehte historisch betrachtet spätestens nach zwei weiteren Jahren wieder ins Plus. Kein tolles Ergebnis, aber erträglich, wenn Anlegende am Ende des Sparzeitraums nicht sofort das volle Guthaben benötigen. Das ist in aller Regel der Fall, wenn für eine Rente angespart wurde.

So viel brachte ein Sparplan mit 200 Euro über 30 Jahre

Natürlich gab es vor 30 Jahren noch kein Pantoffel-Portfolio. Auch ein ETF auf den MSCI World als Aktienfondskomponente war 1996 für deutsche Privatanlegende noch Zukunftsmusik. Den gab es für sie erst ab März 2002. Dennoch lässt sich auch für 30 Jahre zurückrechnen, was ein Pantoffel-Portfolio den Anlegenden gebracht hätte: Aus 200 Euro Sparrate wären bis Ende 2025 je nach Pantoffel-Variante zwischen rund 147 000 und 262 000 Euro geworden und damit deutlich mehr als bei einem Tagesgeld-Sparplan mit rund 103 000 Euro.

Dass Sicherheit Geld kostet, zeigt die Tatsache, dass der Aktien-ETF allein rund 319 000 Euro gebracht hätte. Allerdings wäre bei einer reinen ETF-Anlage der Wert der Anteile im Jahr 2002 vorübergehend fast auf die Summe der eingezahlten Beiträge gesunken – das hätten sicher nicht alle Anlegenden nervlich durchgestanden.

Die sechs Stärken des Pantoffels

➔ Einfach: Sie müssen weder Vorkenntnisse noch viel Zeit mitbringen.

➔ Kostengünstig: Sie zahlen keine Entgelte für Vermögensverwalter. ETF sind besonders kostengünstig, ebenso Tagesgeld.

➔ Transparent: Die Regeln sind klar. Wie sich die ETF entwickeln, können Sie jederzeit in Ihrem Depot oder auf der Website der ETF-Anbieter nachvollziehen.

➔ Flexibel: Sie können den Pantoffel immer aufstocken, aussetzen, anders ausrichten oder in einen Auszahlplan verwandeln.

➔ Risikominimierend: Zinsanlagen und breit streuende Aktien-ETF sorgen für ein gutes Rendite- und Sicherheitsverhältnis.

➔ Variabel: Die Strategie lässt sich auch als Ergänzung zu bestehenden Depots oder als Kerninvestment einsetzen.

Ordentliche Renditen mit dem Welt-Pantoffel-Portfolio

Wer über 30 Jahre 200 Euro monatlich in ein Pantoffel-Portfolio eingezahlt hätte, würde sich am Ende der Sparphase je nach gewählter Variante und Risikoneigung über ein Guthaben von 147 000, 198 500 oder 262 000 Euro freuen.

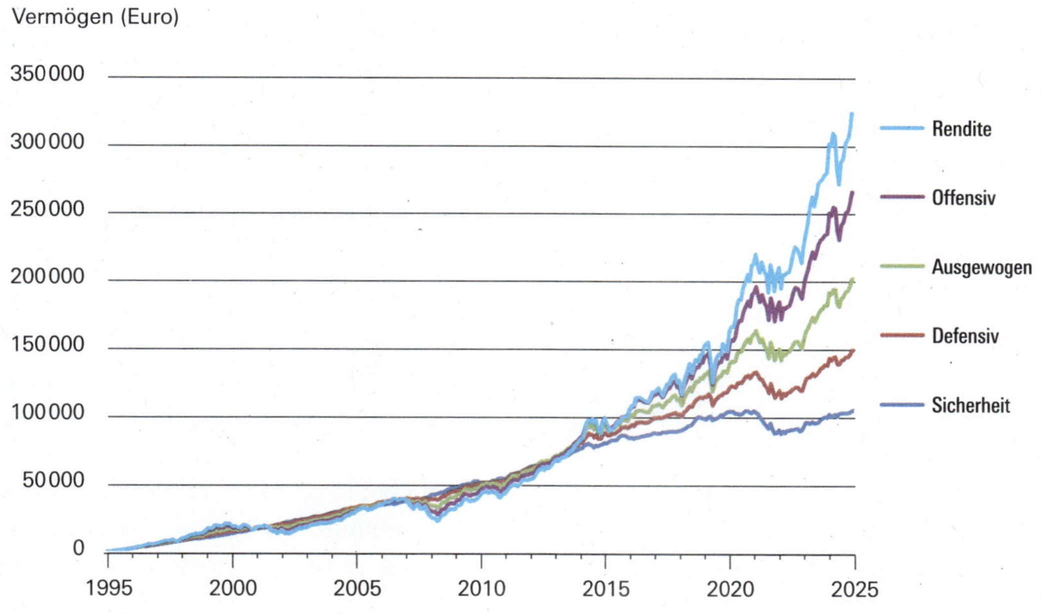

Ergebnis nach Steuern und Kosten. Quelle: LSEG, eigene Simulationen. Stand: 31.12.2025

Ansehnlicher Ertrag, überschaubarer Pflegeaufwand

Die Rendite, also der durchschnittliche Ertrag pro Jahr in Prozent, kann sich bei allen Pantoffel-Varianten mit ETF auf den MSCI World sehen lassen. Sie beträgt nach Kosten und Abgeltungssteuer zwischen 4,4 Prozent beim defensiven Pantoffel mit nur einem Viertel Aktienanteil und 7,6 Prozent beim offensiven Pantoffel mit drei Vierteln Aktienanteil. Der ausgewogene Pantoffel, der zur Hälfte in Aktien anlegt, liegt mit 6,1 Prozent dazwischen. Der Welt-Aktien-ETF allein hätte 8,6 Prozent gebracht.

Aktuelle Zahlen finden Sie jederzeit unter test.de/pantoffel-portfolio (für Flatrate-Kunden kostenfrei). Wir simulieren monatlich, wie sich das Welt-Pantoffel-Portfolio in den drei Varianten über verschiedene Zeiträume entwickelt hätte. Für den Aktien-ETF legen wir die Monatsendstände des Index MSCI World Total Return in Euro zugrunde, abzüglich Kosten von 1 Prozent pro Jahr. Für das Tagesgeld verwenden wir den Drei-Monats-Geldmarktzins Fibor/Euribor, mindestens 0 Prozent pro Monat, ohne Abschlag. Beim Sparplan rechnen wir mit einer Rate von 200 Euro monatlich und setzen Kosten von 1,5 Prozent je Rate an. In allen Berechnungen ist die Abgeltungssteuer von 25 Prozent bereits berücksichtigt. Insofern sind Pantoffel-Renditen also Renditen, die den Anlegenden am Ende auch tatsächlich zufließen.

Der Aufwand für das Management der Anlage war überschaubar. Beim ausgewogenen Pantoffel etwa hätte man in 30 Jahren nur insgesamt sechsmal korrigierend eingreifen müssen, weil die Gewichtung sich durch Kursänderungen bei den Aktien um mehr als zehn Prozentpunkte von der hälftigen Aufteilung entfernt hatte.

Immobilien als Altersvorsorge

Im Alter keine Miete zahlen oder Mieteinnahmen erhalten – die Argumente für den Erwerb einer Immobilie klingen schlüssig. Doch der Fall liegt nicht so klar, wie er im ersten Moment klingt. Auch offene Immobilienfonds sind mit Vorsicht zu genießen.

Glaubt man den Sparkassen, so haben Wohnimmobilien einen unschlagbaren Vorteil: „Die eigenen vier Wände sind die einzige Altersvorsorge, von der Sie heute schon etwas haben", verkünden sie in ihrem Internetauftritt. Und tatsächlich: Wer selbst im eigenen Haus oder in der eigenen Wohnung lebt, verzichtet nicht nur auf Konsum, wie das bei allen anderen Vorsorgeformen der Fall ist. Immobilienbesitzende genießen vom Tag des Einzugs an alle Vorteile, die mit Haus oder Wohnung verbunden sind, und profitieren möglicherweise auch von Wertsteigerungen. Nicht umsonst wird die Immobilie auch als „Betongold" bezeichnet.

Dazu ein Beispiel: Wer in München 2005 ein Einfamilienhaus mit 150 Quadratmetern Wohnfläche in guter Wohnlage erwarb, hat ein ordentliches Geschäft gemacht. 2025 waren solche Objekte oft an die zwei Millionen Euro wert und haben sich damit im Preis mehr als verzweieinhalbfacht. Das entspricht einer jährlichen Preissteigerung von mehr als 4,7 Prozent. Wahr ist aber auch, dass diese Preissteigerung überwiegend seit 2010 stattgefunden hat. Jemand, der das Haus dann erstanden hätte, könnte sich nicht nur über 6,1 Prozent jährlichen Zuwachs freuen, sondern hätte sich – allerdings als Mieter – auch fünf Jahre Kosten und Instandhaltungsaufwand gespart.

Für Gesamtdeutschland ergibt sich ein ähnliches Bild wie für die bayerische Landeshauptstadt, nur dass sich hier die Preise im Schnitt fast verdoppelt haben. Das bringt eine durchschnittliche Preissteigerung von drei Prozent pro Jahr seit 2005 und vier Prozent von 2010 bis Ende 2025.

Aber: Ob Immobilien der Renditerenner bleiben, der sie in den letzten zehn Jahren waren, vermag heute niemand verlässlich zu sagen. Zwischen 2022 und 2023 kam es in Deutschland zu einer deutlichen Preiskorrektur am Wohnimmobilienmarkt. Nach über einem Jahrzehnt kontinuierlicher Preissteigerungen setzten steigende Zinsen, hohe Baukosten und eine zurückhaltende Nachfrage einen Abwärtstrend in Gang.

Seit Anfang 2025 mehren sich zwar die Anzeichen für eine Stabilisierung und moderate Erholung des Marktes. Doch wie sich der Wert einer Immobilie langfristig entwickelt, ist nicht sicher vorauszusagen. Falls die Preise auf Dauer stark sinken, dann würde dies nicht nur die Rendite vernichten, sondern auch den Inflationsschutz überlagern, den Immobilien als Sachwertanlagen mittel- bis langfristig bieten.

Lieber Mieter bleiben?

Sollten man also die Finger von Immobilien lassen, lieber Mieter bleiben und stattdessen sein Geld in Aktien stecken? Die Antwort auf diese Frage ist komplex.

Zuerst einmal ist festzuhalten, dass Aktienmärkte unter dem Strich besser abschnitten als Immobilien. Allerdings bleiben Aussagen mit diesem Anspruch auf Allgemeingültigkeit angreifbar, da es in beiden Kategorien immer Teilmärkte und Zeitabschnitte geben wird, für die das nicht gilt.

Es widerspräche dem Portfoliogedanken, der auf eine gute Mischung und Streuung der Anlagen setzt, Immobilien völlig außer

Acht zu lassen. Denn diese helfen aufgrund ihrer geringeren Wertschwankungen und vergleichsweise sicheren Mieteinnahmen oder -ersparnissen, die Performance eines Portfolios zu verstetigen. Immobilien und Aktien sind zudem mäßig korreliert. Phasenweise können sie sich ähnlich entwickeln.

Das Problem liegt in der schieren Größe der Investition: Eine selbst genutzte Immobilie kostet meist einen sechsstelligen Betrag. Und damit bringt sie fast jedes private Portfolio aus der Balance: Die Immobilie wird zum alles beherrschenden Bestandteil der Anlagen. Zudem müssen viele von ihnen ihre Aktien, Anleihen und Fonds zu Geld machen, wenn sie ein Haus oder eine Wohnung kaufen. Denn Eigenkapital verbessert die Konditionen deutlich und macht die Finanzierung für viele erst erreichbar.

Die Zwitterstellung der selbst genutzten Immobilie kann ihren Erwerb dennoch rechtfertigen. Denn sie ist nie nur Anlage, sondern immer auch langlebiges Konsumgut. Und da Menschen nun mal irgendwo wohnen müssen, spitzt sich die Frage zu auf: „Kaufen oder mieten?"

Viele Jahre war diese Frage einfach zu beantworten: Kaufen war meist der bessere Weg. Doch heute liegt der Fall nicht mehr so eindeutig. Das hängt damit zusammen, dass sich ein Kernwert stark verändert hat: der Vervielfältiger. Er gibt an, wie viele Jahresnettokaltmieten ein Mieter aufwenden muss, um die Immobilie, in der er wohnt, zu kaufen. Dieser Faktor betrug über Jahrzehnte in einfachen Lagen 15 und in sehr guten Lagen 25. Doch weil die Mieten im vergangenen Jahrzehnt längst nicht so stark stiegen wie die Kaufpreise, liegt die Spanne heute eher zwischen 20 und 40, vereinzelt auch darüber. Das bedeutet umgekehrt: Die Mieteinsparung wird heute viel teurer erkauft als noch vor zehn oder 20 Jahren. Kaufen lohnt sich also weniger als früher.

Natürlich kann man argumentieren, dass durch den gestiegenen Vervielfältiger bei steigenden Mieten auch der Vermögenszuwachs der Erwerbenden höher ausfällt als früher, aber solange sie nicht wieder verkaufen, bleibt der Gewinn Theorie.

Das ist bei der Vermietung anders, weil der Verkauf hier häufig fest einkalkuliert ist und in der Regel auch stattfindet. Aber verkaufen wollen Selbstnutzende ja gerade nicht, weil sie in ihrer Immobilie leben und sie oft an ihre Kinder weitergeben möchten. Außerdem ist nicht auszuschließen, dass der Vervielfältiger irgendwann auch wieder sinkt, weil die Preise zurückgehen oder die Mieten langsam aufholen.

Mieten oder kaufen?

Die Stiftung Warentest stellt dazu im Internet unter test.de/kaufen_oder_mieten einen Rechner bereit. Wir raten Nutzerinnen und Nutzern, verschiedene Szenarien mit unterschiedlichen Eingaben zu rechnen, um ein Gefühl für die Stellschrauben ihrer Entscheidung zu bekommen.

Mietwohnungen als Vorsorge

Andere bezahlen meine Immobilie ab – das ist in einem Satz zusammengefasst die Idee, die hinter einer vermieteten Wohnung oder einem vermieteten Haus steckt. Und grundsätzlich funktioniert das auch, aber mit Wenns und Abers. Schon beim Eigenheim wurde deutlich, dass Mieten besser sein kann als Kaufen, weil Eigenheimbesitzende sich die Mieteinsparung (zu) teuer erkaufen Aus Vermieterperspektive heißt das: Die Mietwohnung lohnt sich dann nicht wirklich. Im Unterschied zum Eigenheim ist die vermietete Immobilie aber ein reines Wirtschaftsgut. Emotionen sollten hier eine untergeordnete Rolle spielen, es kommt in erster Linie auf die Rendite an.

Das niedrige Zinsniveau und der Mangel an rentablen Anlagealternativen haben in den letzten Jahren einen Run auf vermietete Immobilien ausgelöst. Das hat die Preise nach oben und die Renditen bei vermieteten Immobilien nach unten gedrückt. Das Verhältnis von Kaufpreis und Jahresnettokaltmiete, der bundesweite Durchschnittsvervielfältiger für Eigentumswohnungen im Bestand, stieg laut Postbank/HWWI von 24,0 (2019) auf 28,5 (2021). Da die Mietrendite der Kehrwert des Vervielfältigers ist, entspricht das einem Absinken der Rendite von 4,2 Prozent auf 3,5 Prozent. Nach der Zinswende hat sich der Trend gedreht: 2023 fiel der bundesweite Durchschnittsvervielfältiger auf 26,3 (3,8 Prozent Mietrendite), 2024 weiter auf 24,8 (4,0 Prozent Mietrendite).

Das Absinken liegt im Wesentlichen daran, dass die Mieten auch bei Neuvermietungen nicht mit den Preissteigerungen bei Immobilien Schritt halten konnten. Grund dafür ist nicht nur die Mietpreisbremse, sondern die Tatsache, dass Mieten auch in Gebieten ohne Wohnungsknappheit in aller Regel nur bei Neuvermietungen frei vereinbart werden können. Und selbst dann wirken die Bestandsmieten wie Referenzpreise. Und Bestandsmieterinnen und -mieter müssen auf Basis von Vergleichsmieten nicht jede Mieterhöhung klaglos akzeptieren.

Was aus Sicht der Mietenden positiv ist und den sozialen Frieden sichert, verringert für alle, die vermieten wollen, zunehmend die Ertragsaussichten, wenn die Kaufpreise den Mieten davonlaufen. Immerhin haben Vermieterinnen und Vermieter in spe im Gegensatz zu Eigenheimbewohnenden einen größeren Freiheitsgrad bei der Wahl des Objekts und dessen Standort. Sie können gezielt nach Objekten und Standorten suchen, bei denen die Kaufpreise noch nicht aus dem Ruder gelaufen sind. Dann kann es sich immer noch lohnen, zu vermieten.

Aber es bleibt dabei: Vermieterinnen und Vermieter binden viel Kapital auf lange Zeit und haben deutlich mehr Arbeit als mit einem Wertpapierdepot.

Offene Immobilienfonds

Immobilien müssen aber gar nicht teuer sein – es gibt sie schon ab 25 Euro. Und nein, damit ist kein Puppenhaus gemeint, sondern Anteile an offenen Immobilienfonds. Ähnlich wie bei Aktien- oder Anleihenfonds legen auch bei offenen Immobilienfonds viele Anlegende ihr Geld zusammen, damit eine Fondsgesellschaft für sie Immobilien kauft und verkauft. Meist handelt es sich dabei um Gewerbeimmobilien.

„Offen" bedeutet in diesem Fall: Die Anteile werden fortlaufend ausgegeben und zurückgenommen. Und der Fonds darf in alle Immobilien investieren, die in seinen Anlagerichtlinien festgelegt sind. Diese können zum Beispiel regionale Einschränkungen auf Europa vorsehen. Außerdem darf der Fonds bis zu 49 Prozent liquide Mittel halten.

Offene Immobilienfonds zeichnen sich durch eine moderate, aber vergleichsweise stabile Rendite aus. Pro Jahr waren in den letzten zehn Jahren in der Regel zwischen einem und drei Prozent drin, Ausreißer nach oben und unten bestätigten die Regel. Gleichmäßig verläuft die Kurve auch deswegen, weil die Fonds – dank langfristiger Mietverträge – größtenteils leicht kalkulierbare Einnahmen generieren. Ihr Wert wird durch ein Sachverständigengremium festgelegt, das regelmäßig zusammentritt und das Fondsvermögen bewertet. Was eine Immobilie wirklich wert ist, stellt sich erst heraus, wenn sie verkauft wird, und zwischen Kauf und Verkauf liegen oft viele Jahre. So lange gilt, was die Sachverständigen sagen.

Anders als Aktienfonds und ETF lassen sich Anteile an offenen Immobilienfonds nicht börsentäglich an die Fondsgesellschaft zurückgeben. Sie müssen nach dem Kauf mindestens 24 Monate gehalten werden, die Rückgabe ist zwölf Monate im Voraus unwiderruflich anzukündigen. Der Verkauf an deutschen Regionalbörsen ist möglich, aber mit Abschlägen verbunden.

Die Stiftung Warentest rät derzeit davon ab, in offene Immobilienfonds zu investieren. Die aktuellen Renditen rechtfertigen das Risiko nicht. Auch Kosten und unflexible Rückgabevorschriften sprechen gegen diese Geldanlage. Immer wieder müssen Immobilienfonds den Wert ihrer Immobilien korrigieren, und dann kann es zu Verlusten für Anleger kommen. Dabei ist die Verzinsung nicht besser als bei risikoarmem Festgeld.

Fazit: Eine Immobilie kann eine sinnvolle Ergänzung zur Altersvorsorge sein, insbesondere, wenn sie im Rentenalter mietfreies Wohnen ermöglicht. Allerdings ist es wichtig, die damit verbundenen Risiken und Kosten zu berücksichtigen und eine umfassende Altersvorsorgestrategie zu entwickeln, die auch andere Anlageformen einschließt.

Private Rentenversicherungen

Gegenüber Auszahlplänen haben private Rentenversicherungen einen Vorteil: Die Rente fließt, solange die Bezieher leben, das Geld kann also nicht ausgehen. Diesen Vorteil bezahlen Kunden meist mit hohen Kosten und niedrigen Erträgen.

Bei einer privaten Rentenversicherung zahlt der Versicherungsnehmer regelmäßig oder einmalig Beiträge ein. Das Kapital wird vom Versicherer überwiegend in sichere Zinsanlagen investiert. Über die gesamte Laufzeit gilt eine garantierte Verzinsung auf den Sparanteil der Beiträge. Zusätzlich können Überschussbeteiligungen hinzukommen, die jedoch nicht garantiert sind.

Der wesentliche Vorteil liegt in der lebenslangen Rentenzahlung, die auch dann weiterläuft, wenn das eingezahlte Kapital rechnerisch bereits aufgebraucht ist. Private Rentenversicherungen übernehmen für die Versicherten das sogenannte Langlebigkeitsrisiko. Dieser Begriff beschreibt den Umstand, dass eine versicherte Person länger lebt als die durchschnittliche Lebenserwartung und die Versicherung ihr daher länger Rente zahlen muss. Da einige Menschen vor Erreichen ihrer statistischen Lebenserwartung sterben und andere länger leben, kann sie dieses Risiko über das Kollektiv aller Versicherten ausgleichen.

Eigentlich ist die private Rentenversicherung also eine gute Idee. Millionenfach haben Kunden in der Vergangenheit deshalb klassische private Rentenversicherungen mit garantiertem Zins auf den Sparbeitrag abgeschlossen. Sie verheißen keine prächtige

Rendite, aber garantieren eine feste Verzinsung und eine lebenslange Rente.

Obendrein sind sie bequem: Ist der Vertrag einmal abgeschlossen, muss sich der Kunde nicht mehr darum kümmern. Der Versicherer legt das Geld des Kunden an. Für ab 2025 neu abgeschlossene Verträge dürfen die Versicherer maximal eine jährliche Verzinsung von 1 Prozent garantieren. Überschüsse erhöhen die Rente.

Seit einigen Jahren bieten Versicherer auch Tarife mit abgesenkten Garantien an, im Gegenzug gibt es die Chance auf eine höhere, aber ungewisse Überschussbeteiligung. Kunden sollten daher langfristig nur mit der garantierten Leistung planen.

Kosten drücken die Rendite

Verzinst wird bei einer privaten Rentenversicherung nicht der gesamte Beitrag des Kunden. Die Versicherer ziehen zunächst Kosten ab, wobei Abschlusskosten und laufende Kosten anfallen. Dies mindert die Rendite.

Wie stark diese Abzüge ausfallen, haben wir im Juni 2025 für 14 klassische private Rentenversicherungen berechnet und bewertet. Den Vergleichstest finden Sie unter test.de/private-rentenversicherung (mit Flatrate kostenfrei): Unser Modellkunde ist bei Vertragsabschluss 37 Jahre alt und zahlt 30 Jahre lang monatlich 200 Euro ein. Bei seinem Tod in der Ansparphase ist Beitragsrückgewähr oder Auszahlung des Vertragsguthabens vereinbart.

Für die bis zum 67. Geburtstag insgesamt eingezahlten 72 000 Euro gibt es je nach Anbieter im Test eine garantierte monatliche Rente zwischen 200 Euro und 240 Euro. Über die Jahre summiert sich diese Differenz: 9600 Euro Unterschied bei der garantierten Rente sind es, wenn die Monatszahlung 20 Jahre lang fließt.

Zahlen die Versicherer am Ende nicht mehr als die garantierte Rente aus, müssen die Kunden sehr alt werden, bis sie ihre eingezahlten Beiträge wieder heraushaben. Unser Modellkunde muss selbst mit einem guten Tarif aus unserem Vergleich mehr als 90 Jahre alt werden, bis es so weit ist.

In allen untersuchten Tarifen können Kundinnen und Kunden wählen zwischen lebenslanger Rente und einmaliger Kapitalzahlung. Auch die garantierte Kapitalabfindung erfahren Kundinnen und Kunden schon bei Abschluss. Je nach Anbieter im Test liegt die Einmalzahlung für unseren bei Vertragsbeginn 37-jährigen Modellkunden zwischen fast 80 000 Euro und knapp 67 700 Euro. Es gibt also auch hier große Unterschiede zwischen den Angeboten.

Mit der bei Vertragsbeginn garantierten Leistung können Sparer für ihre Altersvorsorge nur dann sicher planen, wenn sie den Vertrag bis zum Ruhestand durchhalten. Schaffen sie dies nicht, weil sie den Beitrag reduzieren oder die Zahlungen ganz einstellen, kommen sie nicht auf die einst geplante Monats- oder Einmalzahlung. Sie sollten sich die Beiträge für die private Rentenversicherung also langfristig leisten können.

Die Rente kann durch Überschüsse, die der Versicherer erwirtschaftet, steigen. Wenn ein Versicherer höhere Kapitalerträge erwirtschaftet als für die garantierte Verzinsung nötig, entstehen Zinsüberschüsse. Mindestens 90 Prozent davon stehen den Kunden zu. Daneben kann es Kosten- und Risikoüberschüsse geben. Ein Kostenüberschuss entsteht, wenn die Verwaltungskosten niedriger ausfallen als kalkuliert. Davon bekommen die Kunden mindestens 50 Prozent. Ein Risikoüberschuss entsteht, wenn die Kunden früher sterben als kalkuliert. Dann muss der Versicherer weniger für Renten ausgeben. Davon bekommen die verbleibenden Kunden mindestens 90 Prozent.

Für die Auszahlung der Rente gibt es verschieden Formen: dynamische, teildynamische oder flexible Rente. Die dynamische Rente kann nur steigen, nie fallen. Sie bleibt auf der erreichten Höhe, auch wenn die Überschussbeteiligung im Rentenverlauf wegfiele. Die flexible Rente startet höher, würde bei Wegfallen der Überschüsse aber auf das Niveau der garantierten Rente fallen. Die teildynamische Rente liegt zwischen diesen beiden Varianten. Viele Kunden wählen aber am Ende nicht die Rente, sondern eine Kapitalzahlung.

Die klassische private Rente lässt sich zusammenfassend also mit folgenden Begriffen beschreiben: ertragsarm und teuer, aber sicher, pflegeleicht und steuerlich zumindest in der Ansparphase begünstigt, da der Fiskus nicht auf die Erträge zugreift.

Ihre jüngere Schwester, die fondsgebundene Rente, verspricht höhere Erträge für all jene, die bereit sind, auf Sicherheit in Form von Garantien zumindest ein Stück weit zu verzichten und etwas mehr Aufwand zu akzeptieren. Auf den ersten Blick vereint die fondsgebundene Rente das Beste aus zwei Welten: die Rendite von ETF und gemanagten Investmentfonds, kombiniert mit den meisten Vorteilen der klassischen Rentenversicherung. Während der Ansparphase werden keine Steuern fällig – auch nicht auf (Kurs-)Gewinne bei einem Fondstausch.

Wer eine lebenslange Rente wählt, muss den Ertragsanteil versteuern. Dieser hängt vom Alter bei Rentenbeginn ab. Bei einem Start mit 67 Jahren sind das zum Beispiel nur 17 Prozent der meist monatlich ausgezahlten Summe. Bei der Auszahlung des Kapitals auf einen Schlag sind 15 Prozent des Gewinns steuerfrei. Lief der Vertrag mindestens 12 Jahre und ist der oder die Versicherte mehr als 62 Jahre alt, ist von den verbleibenden 85 Prozent nur die Hälfte mit dem persönlichen Steuersatz zu versteuern. Da die Versicherer aber zunächst Kapitalertragssteuer abführen, müssen sich Versicherte die zu viel bezahlten Beträge über die Steuererklärung zurückholen.

Anlegende tragen das Risiko selbst

Zur klassischen Rentenversicherung gibt es einen besonders wichtigen Unterschied: Die Versicherten tragen das Anlagerisiko allein. Der Versicherer steht bei fondsgebundenen Rentenversicherungen ohne Beitragsgarantie zudem nicht dafür gerade, dass bis zum Rentenbeginn zumindest ein Teil der Beiträge erhalten bleibt. Wer diese Risiken eingehen möchte, kann dafür mit guten und günstigen Fonds bis zur Rente ordentliche Renditen einfahren. Mit klassischen privaten Rentenversicherungen ist das aufgrund der niedrigen Zinsen kaum noch möglich.

Der Erfolg einer fondsgebundenen Rentenversicherung hängt entscheidend von den gewählten Fonds ab. Als Renditebringer empfehlen wir ETF auf den Index MSCI World mit rund 1300 Aktien aus der ganzen Welt. Die meisten Versicherer bieten bei ihren neuen Verträgen ETF als Fonds an. Bei älteren ist das leider nicht immer der Fall. Bei ihnen müssen Sparer regelmäßig überprüfen, ob die gewählten Fonds noch gut laufen. Ist das nicht der Fall, schichten sie ihr Geld um in einen top bewerteten Fonds aus unserer Fondsdatenbank unter test.de/fonds (mit Flatrate kostenfrei).

Bei einer Spardauer von 30 Jahren können Sie anfangs 100 Prozent in Aktien-ETF fließen lassen. Wer so lange einzahlt, braucht in den ersten 15 Jahren nicht einzugreifen. Liefen die Aktienmärkte jedoch sehr gut und Sparer wollen einen Teil ihrer erfolgreichen Anlage absichern, können sie ihn von Aktienfonds in einen sicheren Renten-ETF mit

Staatsanleihen in Euro umschichten. Rentenfonds bringen deutlich weniger Rendite, allerdings schwanken ihre Kurse auch weniger als die von Aktien.

Sparer mit kürzeren Laufzeiten oder geringerer Risikoneigung können auch von Anfang an Aktien- und Renten-ETF mischen. Dabei sollten sie darauf achten, das einmal festgelegte Verhältnis beizubehalten. In der ausgewogenen Variante ist das eine 50:50-Aufteilung. Das ist das Prinzip des Pantoffel-Portfolios (siehe S. 49). Bei vielen Anbietern ist auch ein automatisches „Rebalancing“ möglich. Damit wird regelmäßig die reale Aufteilung auf das gewünschte Verhältnis zurückgebracht.

Die Versicherungsleistung besteht in erster Linie aus dem Versprechen, das angesparte Vermögen im Alter in eine lebenslange Rente umzuwandeln. Dafür garantiert der Versicherer einen Rentenfaktor. Beträgt dieser beispielsweise 25, bedeutet das: Der Versicherer garantiert eine Rente von 25 Euro im Monat je 10 000 Euro Vertragsguthaben bei Rentenbeginn. Die Mindestrentenfaktoren bei Vertragsabschluss sind häufig so niedrig, dass man deutlich über 100 Jahre alt werden müsste, um sein Geld in Form von Rentenzahlungen wiederzubekommen. Sparer müssen also hoffen, dass die Rentenfaktoren beim Renteneintritt höher sind als die Mindestleistung.

Nur wenige Fondspolicen sind so gut, dass sie als Alternative zu einem günstigen Fondssparplan taugen. Im Mai 2025 haben wir 22 Fondspolicen ohne Beitragsgarantie untersucht. Einen Großteil der Angebote konnten wir nur mit Befriedigend bewerten, vier sogar nur mit Ausreichend. Den Vergleich finden Sie unter test.de/fondspolicen (mit Flatrate kostenfrei).

Sie sollten die Beiträge für eine fondsgebundene Rentenversicherung nicht zu hoch ansetzen: Je höher die für die gesamte Laufzeit geplanten Beiträge, umso höher die Abschlusskosten. Wer sich im Lauf der Zeit die Beiträge nicht mehr leisten kann und sie herabsetzen muss, hat zu hohe Abschlusskosten gezahlt, was die Rentenversicherung unattraktiv macht. Wird der Vertrag ganz gekündigt, verfallen zudem häufig die Steuervorteile. Vor allem für Berufsanfänger, die ihren Gehaltsverlauf noch schlecht abschätzen können, ist ein flexiblerer Fondssparplan daher die bessere Option.

Auch wenn die meisten mit einem simplen ETF-Sparplan besser fahren: Rentenversicherungen haben einen entscheidenden Vorteil bei der fondsgebundenen Altersvorsorge – und der kann sie zu einer sinnvollen Alternative zum Fondssparplan machen: Können Sparer alle Beiträge wie geplant zahlen und wünschen sie im Alter eine Rente, spielen die Fondspolicen ihre Steuervorteile aus. Denn nur bei diesem Produkt ist eine steuerfreie Umwandlung des Fondsvermögens in eine lebenslange Rente möglich.

Police oder Fondsanlage?

Im Frühjahr 2023 haben wir für verschiedene Musterfälle nachgerechnet, wie sich eine Fondspolice gegenüber einem ETF-Sparplan schlägt, wenn man sowohl die Kosten als auch die Steuern berücksichtigt. Das Ergebnis: Ein Sparer, der 30 Jahre lang 100 Euro monatlich in einen ETF steckt, hat mit einem Sparplan nach Kosten und Steuern am Ende rund 85 500 Euro, beim besten Versicherer sind es 81 000 Euro und beim teuersten sogar nur 66 100 Euro – fast 20 000 Euro weniger. Ein ähnliches Bild ergibt sich für die anderen Musterfälle.

Anders sieht es aus, wenn der Sparer später das Geld nicht auf einen Schlag ausgezahlt bekommen möchte, sondern eine lebenslange Rente bevorzugt. Bei einem

Sparplan müsste er sich dann das Geld auszahlen lassen, es versteuern und in eine Sofortrente bei einem Versicherer stecken. Das ist mit Kosten verbunden. Hat der Vorsorgesparer eine fondsgebundene Rentenversicherung abgeschlossen, kann das Vermögen hingegen ohne Steuern und zusätzliche Kosten in eine Rente übergehen.

Für unser Beispiel bedeutet das: Bei der besten Versicherung stehen rund 87 800 Euro für die Verrentung zur Verfügung, die Fondsanlage lässt nur 82 100 Euro dafür übrig. Geht man von einem ähnlich hohen Rentenfaktor aus – also wie viel Rente der Versicherer pro 10 000 Euro Vermögen auszahlt –, wäre hier die fondsgebundene Rentenversicherung die bessere Wahl.

Aber: Dieser Vorteil besteht nur, wenn Sie den Fondspolicenvertrag die komplette Laufzeit durchhalten und dann tatsächlich eine Rente wählen. Ob das hinhaut, ist bei Vertragsabschluss schwer abzusehen. Mit einem Fondssparplan bleiben Sie flexibel.

Sonderfall: Fondspolice mit gemanagten Aktienfonds

Wenn Sie statt auf ETF lieber auf teurere aktiv gemanagte Aktienfonds setzen, haben Rentenversicherungen Vorteile. In der Regel empfehlen wir diese Fonds nicht, da sie höhere Kosten haben und auf Dauer selten besser abschneiden als der Markt, den ETF abbilden. Es gibt indes aktiv gemanagte Fonds mit strengeren Umweltkriterien als ETF. Darum sind sie für streng nachhaltig orientierte Anlegende attraktiv.

Die Strategien gemanagter Fonds funktionieren oft nicht auf Dauer, und man muss häufiger umschichten als bei einem ETF-Sparplan, der einfach bis zur Rente durchlaufen kann. Dieser Nachteil aktiv gemanagter Fonds wendet sich im Gewand der Fondspolice zum Vorteil für diese: Je häufiger Anleger umschichten, umso attraktiver wird die Fondspolice. Grund sind die Steuerregeln: Denn bei Umschichtungen in der Fondspolice bleiben die Gewinne erst einmal steuerfrei, bei reinen Fondsanlagen dagegen nicht. Zudem sind aktiv gemanagte Fonds über Fondspolicen mitunter günstiger erhältlich als am freien Markt. Wer mit aktiv gemanagten Fonds sparen und sein Portfolio selbst steuern will, kann bei einer Fondspolice also davon profitieren, dass es manche Fonds zu Sonderkonditionen gibt und Fondswechsel meist kostenlos sind.

Indexpolicen: Wir raten ab

Das Versprechen von Indexpolicen: von den Renditen der Aktienmärkte profitieren – ohne das Risiko eines Verlusts. Doch damit versprechen sie zu viel. Hohe Kosten, maue Verzinsung und oft kompliziert konstruierte Beteiligungen am Indexerfolg – wenig spricht für den Abschluss einer Indexpolice. In einer Untersuchung im Juli 2024 haben wir unter 11 Tarifen kein einziges empfehlenswertes Produkt gefunden.

Anders als der Name suggeriert, ist die enthaltene Indexbeteiligung keineswegs ein Indexfonds oder ETF, mit dem Anlegerinnen tatsächlich in die Aktien eines Index wie dem MSCI World investieren.

Stattdessen kaufen sie ein Finanzkonstrukt, dessen Erfolg von dem Verlauf eines solchen Index abhängig ist. Bei einigen der getesteten Produkte gibt es zumindest einen eindeutigen Zusammenhang zwischen der Rendite des Dax und der Rendite der Indexbeteiligung des Kunden. Bei anderen Produkten kann aber selbst in guten Börsenjahren für Anlegende eine Nullrunde herauskommen. Von Indexpolicen zur Altersvorsorge raten wir daher ab.

Schritt 4: Staatliche Förderung nutzen

Staatlich gefördert vorsorgen – das klingt nach einem sicheren Plus. Doch die Instrumente unterscheiden sich stark: Riester lohnt meist nur in Sonderfällen, Rürup vor allem für Gutverdiener und etablierte Selbstständige. Die Betriebsrente rechnet sich mit kräftigem Arbeitgeberzuschuss, vermögenswirksame Leistungen bringen einen kleinen, planbaren Schub. Freiwillige Beiträge zur gesetzlichen Rente sind sicher, aber unflexibel. Wir zeigen, was zu wem passt.

Riester-Rente: für wen sie sich noch lohnen kann

Die Riester-Rente steht seit Jahren in der Kritik: hohe Kosten, geringe Renditen, Millionen stillgelegte Verträge. Doch es gibt Ausnahmen. Wir erklären, wie Riester funktioniert – und für wen sich ein Neuabschluss trotz allem noch lohnen kann.

Die Riester-Rente ist eine Form der staatlich geförderten privaten Altersvorsorge. Wer in die gesetzliche Rentenversicherung einzahlt – also die meisten Arbeitnehmerinnen und Arbeitnehmer sowie manche Selbstständige, aber auch Beamte und Beamtinnen – kann einen solchen Vertrag abschließen. Die Förderung besteht aus zwei Elementen: einer jährlichen Grundzulage von 175 Euro sowie Kinderzulagen von 300 Euro für nach 2008 geborene Kinder (185 Euro für bis 2008 Geborene). Zusätzlich prüft das Finanzamt bei der Steuererklärung, ob eine weitere Entlastung möglich ist. Beiträge und Zulagen sind bis 2100 Euro pro Jahr als Sonderausgaben absetzbar.

Um die vollen Zulagen zu erhalten, müssen jährlich mindestens vier Prozent des Vorjahresbruttoeinkommens in den Vertrag eingezahlt werden. Die Zulagen zählen dabei bereits mit. Der Mindesteigenbeitrag liegt bei 60 Euro im Jahr. In der Auszahlphase, frühestens ab 60, fließt das Guthaben in eine lebenslange Rente. Auszahlungen unterliegen dann der Einkommensteuer. Bis zu 30 Prozent des Guthabens können bei Rentenbeginn sofort ausgezahlt werden.

Als die Riester-Rente 2001 auf Initiative des damaligen Arbeitsministers Walter Riester eingeführt wurde, sollte sie das sinkende Rentenniveau ausgleichen. Mehr als 20 Millionen Verträge haben Sparerinnen und Sparer seither abgeschlossen. Doch knapp ein Viertel wurde wieder gekündigt, weitere Millionen liegen still. Viele mussten Zulagen zurückzahlen, häufig haben hohe Kosten und niedrige Garantiezinsen die Rendite aufgezehrt. Zieht man die Inflation ab, ist die Rendite vieler Verträge negativ.

Ein Kernproblem, das die Renditen drückt, liegt in der Beitragsgarantie: Anbieter müssen sicherstellen, dass zu Rentenbeginn mindestens die eingezahlten Beiträge und Zulagen zur Verfügung stehen. Dadurch können sie das Geld nur sehr risikoarm investieren – was die Renditechancen erheblich schmälert. Dazu kommen hohe Abschluss- und Verwaltungskosten.

Aus diesen Gründen soll die Riester-Rente reformiert werden. Laut Kabinettsbeschluss vom Dezember 2025 soll ab 2027 ein gefördertes Altersvorsorgedepot an seine Stelle treten. Garantien sind dann optional und die Kosten gedeckelt. Die Zulage wird den Plänen zufolge vereinfacht: 30 Prozent bis 1200 Euro Einzahlung pro Jahr, darüber 20 Prozent bis 1800 Euro. Die Kinderzulage soll 25 Prozent und maximal 300 Euro je Kind betragen. Ein Wechsel in die neue Welt soll möglich sein.

Die Förderquote zählt

Ein Riester-Neuabschluss lohnt sich nur noch bei einer hohen Förderquote. Entscheidend ist dabei das Verhältnis von eigener Einzahlung und Förderung. Beispiel: Ein alleinerziehender Vater verdient 20 500 Euro brutto im Jahr und hat zwei nach 2008

Eine Vorsorge für Eltern mit wenig Einkommen

Kinder und ein geringes Einkommen führen dazu, dass der Staat einen hohen Anteil des Riester-Beitrags übernimmt. Dann lohnt sich diese Form der Vorsorge.

Personengruppe	Einschätzung
Alleinerziehende mit Kindern	Sehr lohnend, wenn die Zulagen den Großteil der Beiträge tragen
Familien mit mehreren Kindern und geringem Einkommen	Vorteilhaft, da hohe Kinderzulagen die Eigenbeiträge stark reduzieren
Arbeitnehmer ohne Kinder, mittleres Einkommen	Kaum lohnend, da Eigenbeiträge hoch und Förderung gering
Gutverdiener ohne oder mit wenigen Kindern	Nicht lohnend, da Steuervorteil begrenzt und Kosten hoch
Selbstständige ohne Rentenversicherungspflicht	Nur mittelbar über Ehepartner möglich, meist wenig sinnvoll
Hausfrauen / Hausmänner über Partnervertrag	Kann sich lohnen, wenn viele Kinderzulagen fließen
Wohn-Riester (Eigenheim geplant)	Unter Umständen sinnvoll, wenn Immobilie im Vordergrund steht, nicht als reine Altersvorsorge

geborene Kinder. Für die volle Förderung müsste er vier Prozent seines Einkommens, also 820 Euro, in den Vertrag einzahlen. Durch Grund- und Kinderzulagen fließen jedoch 775 Euro vom Staat. Sein Eigenbeitrag reduziert sich auf den Mindestbetrag von 60 Euro pro Jahr. Nach 25 Jahren kämen so rund 20 000 Euro staatliche Förderung zusammen – bei nur 1500 Euro Eigenleistung. Für ihn ist Riester ein gutes Geschäft.

Anders sieht es bei kinderlosen Durchschnittsverdienern aus. Eine Angestellte mit 30 000 Euro Jahresgehalt muss 1200 Euro einzahlen, erhält 175 Euro Grundzulage und zahlt den Rest selbst. Die Rendite ist in diesem Fall sehr gering, weil die Förderung im Verhältnis zu den Eigenbeiträgen kaum ins Gewicht fällt. Für Gutverdiener ist der Steuervorteil zwar etwas höher, aber durch die Förderhöchstgrenze von 2100 Euro pro Jahr begrenzt. Die Nachteile der hohen Kosten und geringen Renditechancen überwiegen.

Wer dennoch einen neuen Vertrag abschließen möchte, sollte auf die Kosten achten. Klassische Riester-Rentenversicherungen sind in der Regel teuer und unflexibel. Riester-Bausparverträge sind nur sinnvoll, wenn das Ziel die selbstgenutzte Immobilie ist. Banksparpläne werden nicht mehr angeboten. Am ehesten kommen Fondssparpläne in Frage. Sie sind kostengünstiger, ermöglichen zumindest eingeschränkt die Teilhabe an den Kapitalmärkten und profitieren stärker von den staatlichen Zulagen.

Bei den Fondssparplänen ist die UniProfiRente der Union Investment im Neugeschäft das letzte verbliebene Angebot. Für Riester-Neulinge, die auf das Renditepotenzial der Aktienmärkte setzen wollen, ist die UniProfiRente aussichtsreich, wenn sie eine sehr lange Laufzeit von 30 oder sogar 40 Jahren vor sich haben. Es besteht die Chance auf eine hohe, vielleicht sogar hundertprozentige Aktienquote.

Rürup-Rente: für Selbstständige und gut verdienende Angestellte

Die Rürup-Rente eignet sich vor allem für Menschen mit höherem Einkommen. Die steuerlichen Vorteile sind groß, doch die Flexibilität fehlt. Wer einsteigt, braucht Durchhaltevermögen.

Die Rürup-Rente, auch Basis-Rente genannt, richtet sich in erster Linie an Freiberufler und andere Selbstständige, weil diese die anderen beiden Formen der staatlich geförderten Altersvorsorge, Riester-Rente und Betriebsrente, in der Regel nicht in Anspruch nehmen können. Sie können mit einem Rürup-Vertrag steuerlich gefördert fürs Alter vorsorgen. Doch auch Angestellte und Beamte können einen Vertrag abschließen. Dabei gilt: Je höher der persönliche Steuersatz, desto lohnender das Geschäft.

Wer einen Rürup-Vertrag abschließt, legt zu Beginn fest, ab wann die Rentenzahlung beginnen soll – meist mit 65 oder 67 Jahren. Doch ein gewisser Spielraum besteht: In vielen Verträgen kann der Rentenbeginn auf frühestens 62 Jahre vorgezogen werden. Ebenso ist es häufig möglich, den Beginn zu verschieben. Eine sorgfältige Prüfung der Vertragsbedingungen ist daher ratsam.

Auch die Höhe der Beiträge wird bei Vertragsabschluss festgelegt. Eine spätere Senkung ist zwar grundsätzlich möglich, hat jedoch spürbare Nachteile. Denn wie bei anderen privaten Rentenversicherungen werden die Abschluss- und Vermittlungskosten meist zu Beginn des Vertrages auf Basis der ursprünglich vereinbarten Beitragssumme berechnet. Wer die Zahlungen später reduziert oder ganz beitragsfrei stellt, hat diese Kosten bereits vollständig bezahlt und erhält sie nicht zurück. Das schmälert die Rendite deutlich – insbesondere bei langfristigen Verträgen über 15 Jahre oder mehr. Daher sollten Sparer von Anfang an realistisch kalkulieren, welche Beitragshöhe sie dauerhaft stemmen können. Wer mit steigenden Einkünften rechnet, sollte einen Vertrag mit Erhöhungsoption wählen, um die Beiträge später flexibel anpassen zu können.

Ein wichtiger Unterschied zur Riester-Rente besteht darin, dass bei der Rürup-Rente keine Kapitalauszahlung zu Rentenbeginn möglich ist. Das angesparte Guthaben wird immer vollständig in eine lebenslange Rente umgewandelt. Auch beim Wechsel in ein Angestelltenverhältnis bleibt der Rürup-Vertrag grundsätzlich bestehen.

Allerdings können Arbeitnehmer die vollen steuerlichen Fördergrenzen nicht mehr ausschöpfen. Denn von der maximal geförderten Beitragssumme – aktuell 30 826 Euro für Alleinstehende – müssen die Einzahlungen in die gesetzliche Rentenversicherung abgezogen werden. Bei einem Bruttolohn von 75 000 Euro ergibt sich so ein förderfähiger Höchstbetrag von rund 16 876 Euro jährlich. Für die meisten Angestellten ist das dennoch ein ausreichend hoher Betrag, um den Steuervorteil der Rürup-Rente so zu nutzen, dass es sich rechnet.

Bei der späteren Rentenzahlung spielt auch die Krankenversicherung eine Rolle. Pflichtversicherte in der gesetzlichen Krankenversicherung müssen auf ihre Rürup-Rente keine Krankenkassenbeiträge zahlen. Anders sieht es bei freiwillig Versicherten aus: Liegen deren übrige Einkünfte unter der Beitragsbemessungsgrenze und berücksichtigt die Krankenkasse laut Satzung auch private Rentenversicherungen, werden Beiträge auf die Rürup-Rente fällig.

Ein weiterer Punkt betrifft die Absicherung von Angehörigen. Ohne gesonderten Hinterbliebenenschutz verfällt das angesparte Kapital im Todesfall an die Versichertengemeinschaft. Nur wenn ein entsprechender Zusatz vereinbart wurde, erhält der Ehepartner oder die Ehepartnerin eine Hinterbliebenenrente – auch während der Rentenphase. Allerdings mindert dieser Schutz die Höhe der eigenen Altersrente spürbar.

Viele Versicherer bieten an, den Rürup-Vertrag mit einer Berufsunfähigkeitsversicherung zu kombinieren. Doch hiervon raten unsere Experten ab. Der Grund: Zusatzversicherungen wie der Berufsunfähigkeitsschutz schmälern nicht nur die spätere Altersrente, sie machen den Vertrag auch unübersichtlich und schwer vergleichbar.

Die ohnehin komplexen Bedingungen einer Berufsunfähigkeitsversicherung werden durch die Kombination mit einer Rentenversicherung noch schwerer durchschaubar. Zudem besteht das Risiko, dass der Schutz verloren geht, wenn die hohe Beitragsbelastung auf Dauer nicht aufrechterhalten werden kann und der Vertrag stillgelegt wird. Die Trennung von Risikoschutz und Altersvorsorge ist in der Regel die bessere Wahl.

Wer sich für eine selbstständige Berufsunfähigkeitsversicherung entscheidet, sollte besonderes Augenmerk auf die Vertragsbedingungen legen. Deren Qualität ist entscheidend. Manche Kombiprodukte locken mit niedrigeren Beiträgen, bieten aber schlechtere Leistungen im Ernstfall. Auch wenn Versicherer bei Kombiverträgen mitunter großzügiger bei der Gesundheitsprüfung sind, empfiehlt es sich, zunächst eine eigenständige Berufsunfähigkeitsversicherung abzuschließen. Nur wenn dieser Weg nicht zum Erfolg führt, kann ein Kombiprodukt eine Option sein.

Vor- und Nachteile der Rürup-Rente

Für einen Rürup-Vertrag spricht auf jeden Fall die ordentliche Steuerförderung, die für Gutverdiener die Rendite eines Vertrags deutlich nach oben ziehen kann. Außerdem haben Sparerinnen und Sparer bei Rürup-Verträgen eine größere Wahlfreiheit als etwa bei Riester. So können sie auf eine Garantie verzichten und zum Beispiel nur mit Aktienfonds für das Alter sparen.

Ein weiterer Vorteil: Geraten Selbstständige in eine Krise und müssen Bürgergeld beantragen, wird der Rürup-Vertrag nicht als Vermögen angerechnet. Geld auf einem Wertpapierdepot müssten sie meist erst aufbrauchen, bevor Zahlungen fließen.

Allerdings gibt es auch einige Nachteile, die einen Rürup-Vertrag unattraktiv machen können: An erster Stelle steht hier die fehlende Flexibilität. Sparerinnen und Sparer kommen während der Ansparphase nicht mehr an ihr Geld, auch wenn sie es dringend bräuchten. Auflösen lässt sich der Vertrag nicht. Und auch in der Auszahlphase im Alter gibt es keine Wahlmöglichkeit: Im Alter wird ein Rürup-Vertrag als monatliche Rente ausgezahlt. Größere Summen lassen sich auch dann nicht entnehmen.

Auch eine Hinterbliebenenabsicherung gibt es nur als Extraleistung mit Extrakosten im Vertrag. Betrachtet man nur die garantierten Leistungen, müssen Rürup-Rentnerinnen und -Rentner zudem sehr alt werden, damit sich der Vertrag gelohnt hat. Sparerinnen und Sparer müssen auf gute Überschüsse oder Fondsgewinne hoffen. Selbst bei den Top-Angeboten im Markt steht dann schon eine 9 vorne beim Lebensalter, wenn man die Garantiewerte als Maßstab nimmt. Die Produkte werden also nur durch Überschüsse und die staatliche Förderung überhaupt erst rentabel.

Bei Rürup ist zudem Durchhaltevermögen gefragt. Wichtig ist, dass Sparerinnen und Sparer ihre vereinbarten Raten durchhalten können. Die anfallenden Kosten beziehen sich auf die geplanten Raten bis zum Rentenbeginn. Müssen diese heruntergesetzt werden, wird der Vertrag schnell ein schlechter Deal. Daher sollten Selbstständige schon einigermaßen etabliert sein, damit sie absehen können, welchen Beitrag sie sich dauerhaft leisten können.

Immerhin ist die staatliche Förderung besser als bei Riester. Rürup-Sparer bekommen Steuervorteile für weit größere Summen als Riester-Sparer: Von den Einzahlungen in einen Riester-Vertrag werden maximal 2100 Euro pro Jahr gefördert, mehr sind es seit Einführung der Riester-Rente im Jahr 2002 nicht geworden. Dagegen wurde die Förderung für die 2005 eingeführte Rürup-Rente seit 2015 stetig erhöht. Der vom Finanzamt berücksichtigte Höchstbeitrag ist an die Beitragsbemessungsgrenze in der knappschaftlichen Rentenversicherung gebunden. Steigt der Höchstbeitrag, berücksichtigt das Finanzamt höhere Beiträge für die Rürup-Rente. 2026 sind es 30 826 Euro für Ledige. Für Ehepaare oder eingetragene Lebenspartner gilt der doppelte Betrag.

Wie hoch die Steuerersparnis ausfällt, hängt vom Steuersatz ab. Faustregel: Die Rürup-Rente lohnt sich besonders, wenn man im Arbeitsleben viel verdient und später als Rentner im Vergleich dazu weniger in der Tasche haben wird – also auch wenig Steuern zahlen muss. Das ist bei fast allen Rentnern der Fall. Dazu ein Beispiel: Ein 37-jähriger Selbstständiger mit einem Jahresgewinn von 100 000 Euro steckt 12 000 Euro im Jahr in eine Rürup-Fondspolice. Er spart damit 5188 Euro Steuern im Jahr, netto zahlt er also nur 6812 Euro selbst ein, der Rest kommt vom Staat. Läuft der Vertrag gut, bekommt er später daraus 20 400 Euro Rente im Jahr. Auf seine Rürup-Rente zahlt er 3200 Euro Steuern. Durch die Steuerförderung wäre er nach 12 Jahren im Plus.

Ohne Steuerförderung würde es bei einem gut laufenden Vertrag 18 Jahre dauern, bis die Rentenzahlungen die Beiträge übersteigen. Würde man bei dieser Rechnung jedoch nur die versprochene Garantierente ansetzen, käme die Gewinnzone noch später in Sicht. In unserem Test der klassischen Tarife vom Dezember 2021 sind es gut 25 Jahre bei der höchsten Garantierente.

Stellt man die gleiche Rechnung für einen Angestellten mit mittlerem Einkommen auf, der später mit gesetzlicher Rente, Betriebsrente und Rürup-Rente im Vergleich solide abgesichert ist, verpufft die Steuerförderung. Er hätte dadurch keinen großen Effekt. Auch Selbstständige, die wenig verdienen, haben keinen überwältigenden Steuervorteil mit der Rürup-Rente.

Wer als Angestellter in die gesetzliche Rentenversicherung einzahlt oder als Freiberufler in ein berufsständisches Versorgungswerk, muss zudem aufpassen: Diese Altersvorsorgebeiträge zählen beim Finanzamt für den absetzbaren Höchstbetrag mit. Für die Rürup-Rente kann daher wie oben dargestellt weniger abgesetzt werden.

Fazit

Eine Rürup-Rente kommt für Sie nur infrage, wenn Sie gut verdienen und eine lebenslange Rente möchten. Wollen Sie später zwischen einer Rente und einer Kapitalauszahlung wählen, ist diese staatlich geförderte Vorsorgeform nichts für Sie.

Nicht nur für Selbstständige geeignet

Die Rürup-Rente bietet allen Vorteile, die gut verdienen und sich die Beiträge dauerhaft leisten können. Flexibilität hingegen gehört nicht zu ihren Stärken.

Aspekt	Resümee
Zielgruppe	Vor allem Selbstständige und Freiberufler ohne Zugang zu Riester oder Betriebsrente; auch für gut verdienende Angestellte und Beamte
Vorteile	Steuerliche Förderung bis zu hohen Beiträgen, größere Anlagefreiheit (z. B. Fonds ohne Garantie), Schonung im Bürgergeldbezug
Nachteile	Keine Kündigung oder Kapitalauszahlung möglich, eingeschränkter Hinterbliebenenschutz, Kostenbelastung bei sinkenden Beiträgen, Ertrag oft erst im hohen Alter
Förderung	Beiträge bis zur Beitragsbemessungsgrenze absetzbar, 2026: 30 826 € für Ledige, 61 652 € für Verheiratete; Vorteil steigt mit Steuersatz
Flexibilität	Sehr gering: Beiträge und Laufzeit festgelegt, nachträgliche Senkung führt zu Renditeeinbußen
Auszahlung	Immer nur als lebenslange Rente, keine Einmalentnahmen möglich; Rentenbeginn frühestens mit 62 Jahren
Geeignet für	Gut verdienende Selbstständige und Angestellte, die sich dauerhaft hohe Beiträge leisten und von Steuervorteilen profitieren können
Weniger geeignet für	Geringverdiener, Personen mit unsicherem Einkommen oder solche, die Kapitalauszahlung und Flexibilität wünschen.
Alternativen	Freiwillige Beiträge in die gesetzliche Rentenversicherung; andere private Vorsorgeformen mit höherer Flexibilität.

Bedenken Sie auch: Der Vertrag ist nicht kündbar. Wenn Sie Ihre Beitragszahlungen vorzeitig stoppen, fallen die Rentenzahlungen geringer aus. Ein Vertrag lohnt sich nur, wenn Sie lange leben. Zudem muss er sehr gut laufen, damit Sie früh ins Plus kommen.

Rürup-Renten werden als Versicherung oder als Fondssparplan angeboten. Am besten planbar ist die Rente aus einem klassischen Produkt mit Garantie. Hier erfahren Sie Ihre garantierte Mindestrente bei Vertragsbeginn. Überschüsse sind immer ungewiss, Fondsgewinne ebenso. Das Risiko tragen Sie. Im Gegensatz zur Riester-Rente muss der Anbieter nicht einmal Ihre Einzahlungen garantieren. Andererseits trifft der Kritikpunkt, sie seien renditeschwach, die klassischen Rürup-Renten ebenso wie ihre Schwester, die klassische private Rente. Wer darauf Wert legt, nicht erst im hohen Alter in die Gewinnzone zu kommen, wählt daher die fondsgebundene Variante und achtet darauf, dass die Fondsauswahl genügend gute Produkte enthält.

Freiwillig in die gesetzliche Rentenversicherung einzahlen

Ob früherer Rentenbeginn, Lücken im Versicherungsverlauf oder Einbußen nach einer Scheidung: Zusätzliche Beiträge an die Rentenversicherung können helfen, Abschläge auszugleichen. Wir erklären Chancen, Grenzen und Kosten.

Rentnerinnen und Rentner sollten zumindest ihre laufenden Kosten mit regelmäßigen Rentenzahlungen sicher abgedeckt wissen. Falls bei Ihnen da eine Lücke klafft, müssen Sie zusätzlich vorsorgen. Eine Möglichkeit ist, Ihre Ansprüche aus der gesetzlichen Rentenversicherung zu erhöhen. Das geht, indem Sie mit zusätzlichen Beiträgen Rentenpunkte kaufen. Eines vorweg: Um damit wirksam die Rente zu erhöhen, sind größere Summen erforderlich.

Freiwillige Beiträge – für wen sie möglich sind

Grundsätzlich können alle, die nicht pflichtversichert sind, freiwillig Beiträge an die gesetzliche Rentenversicherung leisten: zum Beispiel Selbstständige ohne Versicherungspflicht, Hausfrauen oder Hausmänner sowie Rentner, die bereits das Regelalter erreicht haben und nur eine Teilrente beziehen. Auch Pflichtversicherte können in Sonderfällen zusätzlich einzahlen. Die Höhe der Beiträge ist frei wählbar, innerhalb gesetzlicher Grenzen: 2026 liegt der monatliche Mindestbeitrag bei 112,16 Euro, der Höchstbeitrag bei 1571,70 Euro. Einzahlungen für das Vorjahr sind jeweils noch bis zum 31. März des folgenden Jahres möglich.

Freiwillige Beiträge können helfen, Wartezeiten zu erfüllen, etwa die 45 Jahre für einen vorgezogenen Rentenbeginn, wenn mindestens 18 Jahre Pflichtbeiträge gezahlt wurden. Außerdem erhöhen sie die spätere Monatsrente. Ein Rentenpunkt entspricht aktuell rund 41 Euro.

Nachzahlungen für Schul- und Studienzeiten

Gesetzlich Rentenversicherte können für schulische Ausbildungszeiten nach dem 17. Geburtstag nachträglich Beiträge leisten, sofern damals keine Rentenbeiträge gezahlt wurden. Das ist in der Regel nur bis zum 45. Geburtstag möglich. Ob sich eine solche Nachzahlung lohnt, hängt vom individuellen Versicherungsverlauf ab: Wer damit Lücken schließen und einen Rentenanspruch sichern kann, profitiert stärker als jemand, der ohnehin viele Beitragsjahre aufweist.

Ausgleichszahlungen ab 50

Besonders praxisrelevant sind die sogenannten Ausgleichszahlungen. Ab 50 Jahren können Versicherte zusätzliche Beiträge leisten, um Rentenabschläge auszugleichen, die bei einem vorgezogenen Rentenbeginn entstehen. Für jeden Monat, den jemand früher in Rente geht, beträgt der Abschlag 0,3 Prozent. Bei einem Rentenstart vier Jahre vor der Regelaltersgrenze summiert sich das auf 48 Monate mal 0,3 Prozent, also auf beachtliche 14,4 Prozent.

Mit Ausgleichszahlungen können Versicherte diese Kürzung ganz oder teilweise kompensieren. Die Deutsche Rentenversicherung berechnet auf Antrag den dafür erforderlichen Betrag individuell. In der Praxis geht es um hohe Summen im fünfstelligen Bereich. Wer das Geld hat, kann damit entweder den früheren Rentenbeginn finanzieren oder – wenn er doch regulär weiterarbeitet – die spätere Rente merklich erhöhen.

Beispiel: Eine Versicherte mit einem Rentenanspruch von 2000 Euro müsste bei vier Jahren vorgezogenem Rentenstart mit Kürzungen von 288 Euro rechnen. Mit Ausgleichszahlungen von über 70 000 Euro könnte sie diese Lücke schließen. Das lohnt sich auf den ersten Blick nicht, da sie sich aus dem Kapital bei fünf Prozent Zinsen nach Steuern und Kosten schon eine ewige Rente von 3500 Euro im Jahr auszahlen lassen könnte. Faktisch ist der Aufwand jedoch niedriger, da sich die Einzahlung steuerlich geltend machen lässt. Angenommen, die Hälfte der 70 000 Euro lässt sich absetzen, dann lohnt das Geschäft brutto betrachtet, wenn die Rente mindestens 12 Jahre gezahlt wird. Entscheidet sie sich doch für den regulären Rentenbeginn, erhöhen die gekauften Punkte ihre Altersrente. Sie sind genauso viel wert wie durch Erwerbsarbeit verdiente Punkte.

Folgen einer Scheidung kompensieren

Nach einer Scheidung kommt es häufig zu einem Versorgungsausgleich, bei dem Rentenanwartschaften zwischen den Partnern geteilt werden. Wer dadurch Punkte verliert, kann diese durch zusätzliche Beiträge ersetzen. Möglich ist das unmittelbar nach dem Scheidungsurteil oder später bis zur Regelaltersgrenze. Auch hier gilt: Je früher gezahlt wird, desto günstiger sind die Konditionen, da sich die Kosten für Rentenpunkte mit steigenden Durchschnittseinkommen und Beitragssätzen verteuern.

Vor- und Nachteile im Überblick

Ein Pluspunkt freiwilliger Beiträge ist die hohe Planungssicherheit. Die gesetzliche Rente zahlt lebenslang – unabhängig davon, wie alt Sie werden. Sie unterliegt keinem Kapitalmarktrisiko, wird regelmäßig an die Entwicklung der Löhne angepasst, bietet Hinterbliebenenschutz und ist gegen Insolvenz abgesichert. Auch die Verwaltungskosten sind deutlich geringer als bei privaten Versicherungsprodukten.

Demgegenüber stehen Einschränkungen: Einmal gezahltes Geld ist nicht mehr flexibel verfügbar und kann abgesehen von der Hinterbliebenenrente nicht vererbt werden. Zudem ist die Rendite unsicher, da sie stark von der eigenen Lebensdauer abhängt. Wer früh stirbt, hat nur wenig von den zusätzlich gekauften Punkten. Auch ist die Rente zu versteuern, zudem fallen Kranken- und Pflegeversicherungsbeiträge an.

Hohe Ausgleichszahlung auf mehrere Jahre verteilen

Einzahlungen in die gesetzliche Rentenversicherung können als Vorsorgeaufwendungen steuerlich geltend gemacht werden. Für 2026 beträgt der Höchstbetrag 30 826 Euro für Alleinstehende und 61 652 Euro für Ehepaare. Allerdings mindern bereits die Pflichtbeiträge diesen Spielraum. Wer hohe Ausgleichszahlungen plant, sollte sie daher über mehrere Jahre verteilen, um den Steuervorteil optimal auszuschöpfen. Das Finanzamt beteiligt sich so an den Kosten.

Eine Wette auf ein langes Leben

Nachzahlungen in die gesetzliche Rente können ein lohnendes Geschäft sein. Je höher der Steuersatz und je länger man lebt, desto eher geht die Rechnung auf.

Personengruppe	Einschätzung
Arbeitnehmer ab 50, die früher in Rente gehen wollen	Lohnend, falls hohe Ausgleichszahlungen möglich sind. So lassen sich Abschläge vermeiden und die Rente stabilisieren.
Arbeitnehmer mit lückenhaftem Versicherungsverlauf	Sinnvoll, um Wartezeiten zu erfüllen (z. B. 45 Jahre für Frührente). Besonders relevant bei Nachzahlungen für Schul- und Studienzeiten
Geschiedene mit Versorgungsausgleich	Vorteilhaft, um verlorene Rentenpunkte auszugleichen und Einbußen abzumildern
Selbstständige ohne Pflichtversicherung	Interessante Möglichkeit, Rentenansprüche aufzubauen. Sollte mit privater Vorsorge verglichen werden.
Hausfrauen/Hausmänner ohne eigenes Rentenkonto	Lücken bei Pflichtbeiträgen können geschlossen werden, zum Beispiel um die allgemeine Wartezeit von 60 Monaten zu erfüllen.
Rentner, die noch nicht die Regelaltersgrenze erreicht haben	Nachzahlungen können die laufende Rente erhöhen, wenn ausreichend Kapital vorhanden ist.
Arbeitnehmer mit sicherer Rente und solider Vorsorge	Weniger lohnend, da freiwillige Beiträge unflexibel sind und Kapital gebunden bleibt
Personen mit geringer Lebenserwartung	Eher ungünstig, da Rendite von der individuellen Lebensdauer abhängt

Fazit

Freiwillige Einzahlungen in die gesetzliche Rentenversicherung sind kein Allheilmittel, aber ein wirksames Instrument für bestimmte Gruppen. Besonders lohnend sind Ausgleichszahlungen, wenn Sie früher in Rente gehen möchten, ohne Abschläge hinnehmen zu müssen. Auch wer nach einer Scheidung oder durch Lücken im Versicherungsverlauf Einbußen hatte, kann diese dadurch kompensieren. Freiwillige Einzahlungen lohnen sich auch, wenn der oder die Versicherte dadurch bestimmte Wartezeiten erfüllt, zum Beispiel fünf oder 35 Jahre, damit ein Anspruch auf Rente oder Frührente überhaupt erst entsteht.

Prüfen Sie aber stets Alternativen: Private Vorsorgeformen wie eine Sofortrente oder ein Entnahmeplan aus Wertpapieren können flexibler sein. Bei der Sofortrente können Sie Merkmale wie die Art der Geldanlage, die Rentenhöhe und den Hinterbliebenenschutz besser bestimmen. Noch mehr Freiheit bietet der Entnahmeplan, den Sie so oft anpassen können, wie Sie wünschen. Entscheidend ist, dass Ihre laufenden Kosten im Alter zuverlässig gedeckt sind. Lassen Sie sich unbedingt beraten – von der Deutschen Rentenversicherung, unabhängigen Rentenberatern oder Steuerexpertinnen. Mit kluger Planung lassen sich sowohl Rentenlücken schließen als auch Steuervorteile optimal nutzen.

Vermögenswirksame Leistungen

Bis zu 40 Euro monatlich zahlt der Arbeitgeber für vermögenswirksame Leistungen. Wer den Zuschuss richtig nutzt, kann sein Vermögen über die Jahre sinnvoll aufbauen. Fondssparpläne bieten dabei meist die attraktivsten Chancen.

Kaum vorstellbar, aber wahr: Millionen von Arbeitnehmern lassen Geld, das ihnen zusteht, regelmäßig liegen und verschenken langfristig viele Hundert oder gar mehrere Tausend Euro. Die Rede ist von Vermögenswirksamen Leistungen, kurz „VL". Viele Unternehmen zahlen ihren Beschäftigten gemäß Tarifvertrag oder Betriebsvereinbarung den Zuschuss zum Sparen. Aber viele Berechtigte lassen das Geld liegen.

Wir haben die unterschiedlichen Vertragsvarianten für vermögenswirksame Leistungen untersucht. Empfehlenswert sind unserer Meinung nach vor allem Fondssparpläne.

Bei vermögenswirksamen Leistungen geht es nicht um die ganz großen Summen. Wie viel ein Arbeitgeber zuschießt, ist ohnehin nicht festgelegt, aber der maximale Betrag liegt in der Praxis bei 40 Euro pro Monat – wohlgemerkt brutto. Angestellte müssen darauf noch Steuern und Sozialabgaben zahlen. Mit dieser Einschränkung erhalten sie über die festgelegte sechsjährige Einzahlungszeit insgesamt bis zu 2880 Euro als Geschenk vom Arbeitgeber.

Der VL-Vertrag läuft allerdings noch länger, da der Gesetzgeber nach der Einzahlungsphase noch eine Wartezeit bis zum Jahresende vorsieht. Erst dann kommen Beschäftigte planmäßig an das Geld ran.

VL-Verträge lassen sich in Form von Fondssparplänen, Banksparplänen oder Bausparverträgen einrichten. Selbst die Tilgung eines Baukredits ist beim VL-Sparen manchmal möglich. Manche Arbeitnehmerinnen und Arbeitnehmer haben gar keine Entscheidungsfreiheit, weil der für sie geltende Tarifvertrag die Verwendung ihrer VL-Leistungen regelt, so etwa Beschäftigte in der Metallindustrie.

Unabhängig von der Höhe des Zuschusses können Sparende den monatlichen Betrag aus eigener Tasche aufstocken. Das ist vor allem sinnvoll, wenn die Firma nur einen kleinen VL-Beitrag gewährt.

Fondssparpläne

Für die meisten Zuschussberechtigten ist ein Fondssparplan die sinnvollste Lösung. Damit beteiligen sich Arbeitnehmerinnen und Arbeitnehmer an der Entwicklung von Aktienmärkten. In der Regel wählen sie dafür einen Aktienfonds, es gibt aber auch VL-Sparpläne auf Mischfonds, die sowohl in Aktien als auch in Zinspapiere investieren.

Da Aktieninvestments schwankungsanfällig sind, sollten sie möglichst breit gestreut sein. Börsengehandelte Indexfonds – sogenannte ETF – die den weltweiten Aktienmarkt nachzeichnen, sind für diesen Zweck ideal (siehe Tabelle S. 103). Gerade jungen Leuten bietet ein VL-Fondssparplan auf einen Welt-Aktien-ETF die ideale Möglichkeit, erste Erfahrungen mit Aktienanlagen zu sammeln. Sie können so ganz gelassen ausprobieren, ob sie mit den börsenüblichen Wertschwankungen klarkommen.

Bei welchen Banken es VL-Sparpläne auf solche ETF gibt, finden Sie unter test.de/vl (mit Flatrate kostenfrei). Eins sollte Fondsanlegenden unabhängig von ihrer konkreten Auswahl klar sein: Was am Ende bei dem VL-Vertrag genau herauskommt, lässt sich nicht bestimmt vorhersagen. Auch während der Laufzeit sollten sie mit erheblichen Wertschwankungen rechnen. Und wenn es an den Börsen ganz schlecht läuft, kann ein VL-Fondssparplan sogar im Minus enden.

Aber selbst das wäre kein Drama, wenn Sparende die Fondsanteile nicht sofort verkaufen, sondern sie erst einmal behalten. Es ist ohnehin naheliegend und sinnvoll, bei VL-Fondssparplänen dieselbe Strategie zu wählen wie beim herkömmlichen Fondssparen und einen möglichst langen Zeithorizont ins Auge zu fassen.

Bausparverträge

Bausparverträge sind für manche VL-Sparer die attraktivste Lösung, aber das liegt gewiss nicht an der Verzinsung. Aus Renditesicht bringt ein Bausparvertrag kaum etwas.

Für Arbeitnehmerinnen und Arbeitnehmer, die einen Immobilienkauf fest eingeplant haben oder demnächst eine kreditfinanzierte Modernisierung planen, ist die Verzinsung des VL-Bausparvertrags zweitrangig. Ihr Hauptaugenmerk liegt darauf, an ein zinsgünstiges Darlehen zu kommen.

Obwohl die Anbieter uns keine VL-Verträge gemeldet haben, wissen wir, dass es passende Tarife bei ihnen gibt. Wer sich für einen VL-Bausparvertrag interessiert, sollte einfach bei einer Bausparkasse nachfragen. Vor allem für junge Leute bis 25 Jahren kann der Abschluss attraktiv sein. Dank staatlicher Förderung (siehe Tabelle S. 73) kann sich der Vertrag selbst dann lohnen, wenn er kaum Zinsen abwirft.

Ausschließlich für junge Menschen bis 25 Jahre kann sich auch ein Renditebausparvertrag lohnen. Der Unterschied: Sie müssen das gesparte Geld nicht in einen Immobilienkauf stecken, sondern können damit machen, was sie wollen. Attraktiv ist das aber nur mit zusätzlicher staatlicher Förderung. Alle, die kein sehr hohes Einkommen haben, haben Anspruch auf die Arbeitnehmersparzulage oder Wohnungsbauprämie. Ihr Gehalt darf dazu bestimmte Grenzen nicht überschreiten. Diese wirken recht niedrig, weil es sich dabei nicht um den normalen Jahresbruttoverdienst, sondern um das zu versteuernde Einkommen handelt, das deutlich geringer ausfällt.

Eigentümerinnen und Eigentümer, die einen Immobilienkredit abbezahlen, können ihren VL-Vertrag auch für dessen Tilgung einsetzen – vorausgesetzt, die Bank oder Bausparkasse, die den Kredit vergeben hat, lässt sich auf diese Variante ein. Das machen leider nicht alle Anbieter, und die Sparerinnen und Sparer haben keinen Rechtsanspruch darauf. Dennoch sollten sie sich bei ihrer Bank oder Bausparkasse nach dieser Möglichkeit erkundigen, denn für viele Betroffene ist die Kredittilgung sehr attraktiv. In der Regel wird die Rendite deutlich höher sein als zum Beispiel bei einem VL-Banksparplan.

Maximal sieben Jahre Laufzeit

Viele Sparerinnen und Sparer glauben, dass ein VL-Vertrag immer exakt sieben Jahre läuft. Das stimmt jedoch nur in seltenen Fällen – nämlich dann, wenn die Einzahlungen genau am 1. Januar beginnen. In allen anderen Fällen verkürzt sich die Laufzeit entsprechend. Ein Beispiel: Wer am 1. Mai 2023 mit dem VL-Sparen startete, zahlt die letzte Rate im April 2029 ein. Danach ruht der Vertrag

So bezuschusst der Staat VL-Sparen

Die Sparzulage beantragen VL-Sparende über ihre Einkommenssteuererklärung. VL-Banksparpläne werden nicht gefördert, die Wohnungsbauprämie gibt es bei Bausparverträgen.

Anlageform	Einkommensgrenzen für zu versteuerndes Einkommen[1] (Euro, Alleinstehende/Ehepaare)	Geförderte Einzahlung pro Jahr bis zu ... (Euro, Alleinstehende/Ehepaare)	Förderhöhe (Prozent)	Maximale Sparzulage pro Jahr (Euro, Alleinstehende/Ehepaare)
		Arbeitnehmersparzulage		
Bausparen	40 000/80 000	470/940	9	43/86
Baukredittilgung	40 000/80 000	470/940	9	43/86
Aktienfonds	40 000/80 000	400/800	20	80/160
		Wohnungsbauprämie[2]		
Bausparen	35 000/70 000	700/1400	10	70/140

1) Orientierung gibt das zu versteuernde Einkommen des Vorjahres. Es steht im Steuerbescheid.
2) Vermögenswirksame Leitungen müssen für Immobilienzwecke verwendet werden, Ausnahme: Sparer unter 25 Jahre.

bis zum Jahresende 2029, bevor er vollständig abgeschlossen ist. Die Gesamtzeit beträgt also weniger als sieben Jahre, obwohl sie umgangssprachlich oft als „siebenjährige Laufzeit" bezeichnet wird.

Manche Sparerinnen und Sparer überlegen, ob sie einen VL-Vertrag vorzeitig beenden können – etwa, weil sie das Geld dringend benötigen. Grundsätzlich ist das möglich. Wer allerdings die Arbeitnehmersparzulage erhalten hat, muss diese bei einem vorzeitigen Ausstieg zurückzahlen.

Auch der Vertragstyp spielt eine Rolle: Bei Banksparplänen bedeutet ein früher Ausstieg meist den Verzicht auf einen möglichen Schlussbonus, der die Rendite deutlich erhöhen kann. Bei Bausparverträgen lässt sich das Guthaben zwar vorzeitig auszahlen, doch die anfangs gezahlte Abschlussgebühr wirkt sich dann besonders negativ auf die Rendite aus. Ein Abbruch ist daher meist finanziell unklug. Unproblematischer ist es, bei einem VL-Fondssparplan lediglich den besparten Fonds zu wechseln – das ist oft ohne Nachteile möglich und kann helfen, die Geldanlage an veränderte Marktbedingungen anzupassen.

Auch während einer Elternzeit bleibt der VL-Vertrag grundsätzlich bestehen. Da in dieser Zeit in der Regel keine Arbeitgeberleistungen fließen, ruht die Förderung. Die Laufzeit selbst verändert sich dadurch nicht. Ob Sparerinnen und Sparer währenddessen freiwillig weiter einzahlen dürfen, hängt vom Anbieter und von der Vertragsart ab.

Beim Antrag auf die Arbeitnehmersparzulage müssen sich Anlegerinnen und Anleger keine Sorgen um zusätzlichen Papierkram machen. Die Zulage beantragen sie über die Steuererklärung, die Vertragsdaten werden nach ihrer Einwilligung elektronisch vom Anbieter übermittelt.

Betriebliche Altersvorsorge

Direktversicherung, Pensionskasse, Pensionsfonds, Unterstützungskasse oder Direktzusage: Arbeitgeber haben die Wahl, was Mitarbeitende abschließen dürfen. Am häufigsten nutzen Betriebe die Direktversicherung und die Pensionskasse.

Ohne Chef oder Chefin geht nichts in der betrieblichen Altersvorsorge. Arbeitnehmer haben zwar einen Anspruch auf Entgeltumwandlung, also darauf, Teile ihres Gehalts über den Betrieb für den Aufbau von Vorsorgekapital einzusetzen. In welcher Form und über welchen Anbieter das konkret geschieht, wird in der Praxis meist vom Arbeitgeber festgelegt – häufig über Tarifvertrag, Betriebsvereinbarung oder eine unternehmensweite Versorgungsordnung.

Arbeitgeber können einen oder mehrere von fünf Durchführungswegen für eine Betriebsrente wählen – am häufigsten sind die Direktversicherung und die Pensionskasse. Optimal für Mitarbeitende ist es, wenn der Arbeitgeber die Beiträge ganz übernimmt oder deutlich bezuschusst.

Bei Direktversicherung, Pensionskasse oder Pensionsfonds muss der Arbeitgeber grundsätzlich 15 Prozent des umgewandelten Entgelts als Zuschuss an diese Einrichtungen weiterleiten – soweit er durch die Entgeltumwandlung Sozialversicherungsbeiträge einspart. Tarifverträge können abweichende Regelungen vorsehen.

Vorteile der Bruttoentgeltumwandlung

Bei der Entgeltumwandlung sparen Beschäftigte aus dem Bruttogehalt für die betriebliche Altersvorsorge und sparen damit Steuern und bis zu bestimmten Grenzen auch Sozialabgaben. Das lohnt sich besonders dann, wenn der Betrieb ordentlich mitfinanziert. Den vollen 15-Prozent-Zuschuss erhält, wer unter der Beitragsbemessungsgrenze der Kranken- und Pflegeversicherung verdient – 2026 sind das 69 750 Euro brutto im Jahr – und in der gesetzlichen Rentenversicherung pflichtversichert ist.

Wenn der Arbeitgeber nicht die kompletten Sozialabgaben einspart – etwa weil das Einkommen zwischen der Beitragsbemessungsgrenze der Krankenversicherung und der Rentenversicherung (2026: 101 400 Euro) liegt – kann er den Zuschuss auf die tatsächlich eingesparten Beiträge begrenzen und damit auch weniger als 15 Prozent zahlen. In vielen Fällen werden aber aufgrund des Berechnungsaufwands trotzdem pauschal 15 Prozent gezahlt.

Der eigene Aufwand für eine Betriebsrente ist oft geringer als der für eine private Rentenversicherung, weil der Beitrag aus dem Bruttogehalt fließt Man spricht deshalb auch von Bruttoentgeltumwandlung: Ein Teil des Bruttogehalts wird umgewandelt in Beiträge für eine Rente, das steuerpflichtige Einkommen sinkt.

Sonderzuschuss für Arbeitgeber

Tipp: Verdienen Sie bei monatlicher Lohnzahlung nicht mehr als 2575 Euro brutto im Monat, kann es sich besonders lohnen, das Thema Betriebsrente initiativ bei Chefin oder Chef anzusprechen. Für diesen Einkommensbereich gibt es eine staatliche Förderung nach Paragraph 100 des Einkommensteuergesetzes: Zahlt der Arbeitgeber zusätzlich zum ohnehin geschuldeten Arbeitslohn pro Jahr 240 bis 960 Euro in die betriebliche Altersvorsorge, bekommt er 30 Prozent davon über die Lohnsteueranmeldung erstattet, maximal 288 Euro.

Eine Betriebsrente kann – wie die gesetzliche Rente – vorzeitig begonnen werden. Beschäftigte können grundsätzlich verlangen, dass Leistungen aus der betrieblichen Vorsorge gewährt werden, wenn sie eine gesetzliche Altersrente als Vollrente beziehen und die sonstigen Leistungsvoraussetzungen erfüllt sind. Ob und wie stark dabei gekürzt wird, hängt von der jeweiligen Versorgungszusage ab.

Direktversicherung – häufig in kleinen Betrieben

Eine Direktversicherung ist eine Lebensversicherung, die ein Arbeitgeber für Mitarbeitende abschließt. Wenn der Arbeitgeber keine Pensionskasse oder keinen Pensionsfonds anbietet, können Sie ihn auffordern, eine Direktversicherung abzuschließen. Deswegen wird diese häufig in kleinen und mittleren Unternehmen angeboten.

Üblich ist die klassische Form der Direktversicherung mit Garantiezins. Bei Neuabschlüssen beträgt dieser maximal ein Prozent. Verzinst wird jedoch nicht die gesamte Einzahlung, sondern nur der Teil, der nach Abzug der Kosten übrig bleibt. Neuerdings werden Direktversicherungen auch häufig mit abgeschwächten Garantien angeboten, sodass nur noch der vollständige oder teilweise Beitragserhalt garantiert wird.

Direktversicherungen sind als Gruppenvertrag für mehrere Mitarbeiter oft kostengünstiger als Einzelverträge. Die Auszahlung kann schon mit 62 Jahren beginnen, wenn der Arbeitgeber einen entsprechenden Vertrag abgeschlossen hat.

Pensionskasse und Pensionsfonds – die Unterschiede

Häufig sind Pensionskassen mit einem einzelnen oder einigen Unternehmen verbunden und stehen nur den Mitarbeitern dieser Firmen für die betriebliche Altersversorgung offen. Es gibt aber auch Pensionskassen, die von Versicherungsunternehmen angeboten werden und einem größeren Markt offenstehen. Dabei gibt es zwischen diesen Pensionskassen große Unterschiede.

Zunächst sind da die traditionellen Pensionskassen: Sie existieren häufig seit Jahrzehnten und sind in der Regel als Verein organisiert, dessen Mitglieder die Arbeitgeber sind. Zwar ähneln die Leistungen dieser Kassen denen der privaten Lebensversicherer. Doch sie haben eine entscheidende Ausnahmestellung: Pensionskassen dürfen mit einem höheren Rechnungszins kalkulieren als mit dem für Renten- und Lebensversicherungen vorgeschriebenen Maximalsatz von einem Prozent.

Seit jeder das Recht hat, im Betrieb für das Alter zu sparen, drängen auch die privaten Lebensversicherer in den Markt der Pensionskassen. Viele bekannte Versicherer gründeten Pensionskassen als Tochterunternehmen. Die Angebote und Vertriebsstrukturen ähneln denen der Muttergesellschaften. Die Versicherer bieten Beratung an und gehen mit ihren Vertriebsleuten in die Unternehmen. Oft sind die Angebote dieser Pensionskassen dadurch teurer. Die Rente aus einer Pensionskasse kann in der Regel mit 62 Jahren beginnen.

Große Unternehmen wie RWE, Siemens oder Bosch haben oft eigene Pensionsfonds zur betrieblichen Altersversorgung aufgelegt. Im Vergleich zu den anderen Formen kann hier ein größerer Teil der Geldanlage in Aktien gesteckt werden. Im Gegenzug müssen Sparer jedoch Abstriche bei der Garantie hinnehmen. Da der Arbeitgeber dem Pensionssicherungsverein angehören muss, ist im Pleitefall jedoch der Betriebsrentenanspruch abgesichert. Welche Rente ein Pensionsfonds zahlt, hängt von den Erträgen ab. Entscheidend sind außerdem die Kosten, die der Fonds für Vertragsabschluss, Verwaltung und Zusatzleistungen wie Hinterbliebenenschutz kassiert. Auch hier kann die Betriebsrente mit 62 anfangen, wenn der Arbeitgeber einen entsprechenden Vertrag abgeschlossen hat.

Unterstützungskasse – vorteilhaft für Gutverdiener

Die Unterstützungskasse ist eine rechtlich eigenständige arbeitgeberfinanzierte Einrichtung für die betriebliche Altersvorsorge. Große Unternehmen und Konzerne haben häufig eigene Unterstützungskassen. Einzahlungen sind steuerlich begünstigt. Deshalb gilt diese Variante als besonders geeignet für Beschäftigte in den mittleren und oberen Hierarchiestufen eines Unternehmens. Wie hoch die Betriebsrente ausfällt, hängt stark von der Zusage des Arbeitgebers ab. Dieser garantiert oft nur eine Mindestauszahlung. Sie kann sich je nach Ausgestaltung der Unterstützungskasse um Überschüsse erhöhen. Wie hoch diese ausfallen, hängt dann zum Beispiel von den Erträgen der Unterstützungskasse ab. Rentenbeginn kann bereits mit 62 Jahren sein.

Direktzusage – Rente aus laufenden Erträgen

Der Arbeitgeber verpflichtet sich, den Mitarbeitenden eine Rente aus den Mitteln des Betriebs zu bezahlen. Diese Form wird häufig von großen Unternehmen genutzt. Die Direktzusage kommt ohne externen Versorgungsträger aus. Damit der Arbeitgeber sein Versprechen halten kann, muss er Rückstellungen bilden. Die Liquidität bleibt so im Unternehmen und kann dort genutzt werden. Dank dieses Vorgehens zahlt er außerdem weniger Steuern.

Die Leistungen muss er irgendwann ähnlich wie bei einem Umlageverfahren aus laufenden Erträgen zahlen. Da die Betriebsrente jedoch bei Zahlungsschwierigkeiten gefährdet wäre, leistet das Unternehmen Beiträge an den Pensions-Sicherungs-Verein. Dieser würde im Fall einer Insolvenz einspringen. Die Auszahlung beginnt frühestens mit 62 Jahren, wenn die Firma dies so in ihrer Versorgungsordnung geregelt hat. Ein Recht auf die Rente mit 62 gibt es aber nicht, der Arbeitgeber entscheidet.

Bis zu vier Prozent des Lohns sind abgabenfrei

Bei der Entgeltumwandlung zahlen Beschäftigte aus unversteuerten Bruttoeinkommen ein. Über diesen Weg erlässt der Staat ihnen einen Teil seiner Last an Steuern und Sozialversicherungsbeiträgen, wenn das Gehalt unter der Beitragsbemessungsgrenze liegt. Unterhalb der Krankenversicherungsgrenze sparen sie bei Rente, Kranken- und Pflegeversicherung. Darüber nur noch bei der Rente, sofern das Gehalt nicht die Beitragsbemessungsgrenze für die Rentenversicherung übersteigt.

In Pensionskassen, Pensionsfonds und Direktversicherungen dürfen bis zu vier Prozent der jährlichen Beitragsbemessungsgrenze der gesetzlichen Rentenversicherung auf diesem Weg gespart werden. Aktuell (Stand: 2026) sind das 4056 Euro im Jahr oder 338 Euro im Monat. Für weitere vier Prozent entfallen nur die Steuern. Auch der

Arbeitgeber spart durch die Entgeltumwandlung Lohnnebenkosten. Fair wäre es, wenn er diese rund 20 Prozent zum Ansparen dazugibt. Tut er nicht mindestens das, lohnt sich die Entgeltumwandlung kaum.

Beispiel: Eine Arbeitnehmerin verdient 3000 Euro brutto. Sie entscheidet sich, 100 Euro ihres Gehalts umzuwandeln. Der Arbeitgeber gibt den gesetzlichen Zuschuss von 15 Prozent, also 15 Euro hinzu. Insgesamt fließen 115 Euro in die Altersvorsorge. Durch die Umwandlung sinkt das zu versteuernde Bruttogehalt auf 2900 Euro. Dadurch spart die Arbeitnehmerin 48 Euro an Steuern und Sozialabgaben, und zwar 27,50 Euro Einkommensteuer in Steuerklasse I und 20,40 Euro an Sozialversicherungsbeiträgen in der Renten-, Kranken-, Pflege- und Arbeitslosenversicherung. Obwohl 115 Euro für sie angelegt werden, sinkt ihr Auszahlungsbetrag nur um 52 Euro.

Der Steuererlass in der Ansparphase ist nur die eine Seite der Medaille. In der Rentenphase holt sich der Staat zumindest einen Teil der Förderung wieder zurück. Die Betriebsrente muss in der Rentenphase wie Arbeitseinkommen komplett versteuert werden. Ein Vorteil: In der Regel sind das zu versteuernde Einkommen und der Steuersatz im Rentenalter geringer als während der Ansparphase.

Fällig werden außerdem Beiträge zur Kranken- und Pflegeversicherung. Die Belastung der Betriebsrenten mit Sozialabgaben wurde etwas gemindert: Zwar werden weiterhin die vollen Sozialabgaben fällig. Dies gilt allerdings erst oberhalb eines Freibetrags von 197,75 Euro. Bei der Pflegeversicherung hingegen ist dies eine Freigrenze: Sobald die Rente 197,75 Euro übersteigt, muss auf den vollen Betrag aus der Betriebsrente der Pflegeversicherungssatz von 3,6 Prozent beziehungsweise 4,2 Prozent für kinderlose Rentner gezahlt werden.

Weniger Sozialabgaben, weniger gesetzliche Rente

Vor Abschluss einer Betriebsrente ist ebenfalls wichtig zu bedenken: Zwar sparen Arbeitnehmer in der Ansparphase möglicherweise Sozialabgaben, also auch Rentenversicherungsbeiträge. Aber dadurch schmälern sie auch ihre Ansprüche. Wer weniger Rentenbeiträge einzahlt, erhält später auch weniger gesetzliche Rente.

Beispiel: Eine Arbeitnehmerin spart 40 Jahre lang 100 Euro – inklusive des Firmenzuschusses von 15 Prozent – in eine betriebliche Altersvorsorge und geht mit 67 in Rente. Auf die Rente zahlt sie Steuern und Sozialabgaben. Als Folge der geringeren Einzahlungen in die Rentenkasse durch die Entgeltumwandlung bekommt sie rund 36 Euro gesetzliche Rente weniger.

Abgaben auch bei Kapitalauszahlung

Bei der betrieblichen Altersvorsorge greift die Krankenkasse auch dann zu, wenn die Leistung nicht als Rente, sondern auf einen Schlag ausgezahlt wird. Die Kapitalzahlung wird rechnerisch gesplittet in 120 Monatsraten und für die Berechnung der Krankenversicherungsbeiträge der Freibetrag von 187,25 Euro abgezogen. Zehn Jahre erhebt die Krankenkasse auf den Monatsbetrag Kranken- und Pflegeversicherungsbeitrag.

Dieser Freibetrag gilt nicht für freiwillig gesetzlich Krankenversicherte. Sie zahlen ab dem ersten Renten-Euro Beiträge. Auch für Rentner mit Einkünften oberhalb der Beitragsbemessungsgrenze der Krankenversicherung (69 750 Euro) hat der Freibetrag keine Wirkung. Privat krankenversicherte Rentner zahlen hingegen keine gesonderten Beiträge auf ihre Betriebsrente.

Schritt 5: Persönliche Vorsorgestrategie umsetzen

Dieser Abschnitt bündelt alle Bausteine einer tragfähigen Altersvorsorgestrategie: Ziele messbar machen, Sparpläne an Zeit und Risiko ausrichten, Familienphasen und Teilzeit überbrücken, bei kleinem Budget Förderungen nutzen, für Selbstständige Basisrente und freie Geldanlage ausbalancieren. Er zeigt Diversifikation über Konzepte wie das Pantoffel-Portfolio, die Integration bestehender Verträge samt Kostenbremse, Immobilien im Gesamtkonzept – und einen langfristigen Fahrplan mit regelmäßigen Anpassungen.

Die Vorsorge individuell abstimmen

Altersvorsorge ist kein Produktregal, aus dem man sich einfach etwas herausnimmt. Sie ist ein Prozess, der mit einer ganz persönlichen Entscheidung beginnt: Wie will ich im Alter leben? Wer Ziele festlegt, hat einen klaren Kompass.

Wer fürs Alter spart, braucht Orientierung. Ein hilfreiches Modell ist die Zielpyramide. Unten steht die Basis, also die Sicherheit, um nicht in Altersarmut zu geraten. In der Mitte befindet sich der Komfortbereich, der ein Leben auf dem gewohnten Niveau ermöglicht. Oben stehen die Extras – Wünsche wie ein früherer Renteneintritt, Reisen oder der Traum vom eigenen Ferienhaus.

Ziele sollten so konkret wie möglich formuliert werden. „Ich möchte im Alter gut leben“ ist zu vage. „Ich brauche ab 67 zusätzlich 1500 Euro im Monat“ dagegen erlaubt, die notwendige Sparrate zu berechnen.

Die Zielpyramide

Solche Zahlen machen Vorsorge greifbar. Bei der Formulierung der Ziele helfen unsere Checklisten und Rechenhilfen ab Seite 108.

Drei Faktoren vor allem bestimmen, ob ein Ziel realistisch ist: wie viel jemand spart, wie lange er oder sie spart und wie viel Risiko er oder sie eingeht. Wer früh anfängt, profitiert stärker vom Zinseszinseffekt. Wer spät startet, muss zum Ausgleich mehr Geld zurücklegen. Und wer bereit ist, Schwankungen an den Märkten auszuhalten, hat langfristig bessere Chancen auf Rendite.

Ein Beispiel verdeutlicht, welche Wirkung der Zinseszins auf lange Sicht hat, auch bei Sparsummen, die nahe beieinander liegen: Anna, 33, Angestellte im öffentlichen Dienst, möchte mit 63 statt mit 67 aufhören. In heutiger Kaufkraft würden ihr dann rund 300 Euro im Monat fehlen. Sie rechnet: Wenn sie 150 Euro monatlich in einen ETF-Sparplan steckt, kann sie bei einer jährlichen Rendite von fünf Prozent nach Kosten und Steuern bis 63 ein Kapital von rund 125 000 Euro aufbauen. Daraus ließe sich 27 Jahre lang eine jährlich um zwei Prozent ansteigende Rente von anfänglich rund 300 Euro in heutigem Geldwert finanzieren. Zahlt sie dagegen nur 100 Euro ein, kommt sie auf 83 000 Euro – zu wenig, um ihre Lücke zu schließen. Für Anna ist klar: Ohne höhere Sparrate bleibt der Traum vom frühen Ausstieg unerreichbar.

Vorsorge geschieht niemals losgelöst vom Alltag. Eine junge Familie hat andere Möglichkeiten als ein gutverdienendes Paar ohne

Der richtige Zeithorizont für Ihre Ziele

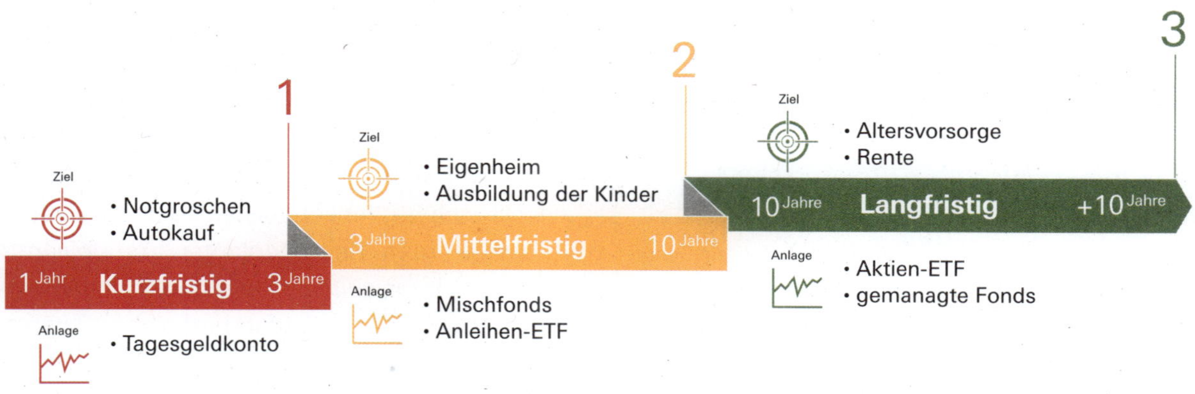

Anlagehorizonte im Überblick: Menschen verfolgen in der Regel nicht nur ein finanzielles Ziel, sondern mehrere gleichzeitig. Diese Ziele sind mit unterschiedlichen Zeithorizonten und Dringlichkeiten verknüpft. Im Idealfall gelingt es, kurz-, mittel- und langfristige Ziele zu bedienen.

Kinder. Auch Wohnsituation, Stabilität des Jobs oder gesundheitliche Risiken prägen, wie viel Raum für Vorsorge bleibt. Das Fundament bildet ein Notgroschen. Zwei bis sechs Nettogehälter auf einem sicheren Konto sind Pflicht. Ohne dieses Polster entsteht sonst das Risiko, in einer Krise an die Altersvorsorge zu müssen.

Genauso wichtig ist die Grundabsicherung gegen zentrale Lebensrisiken: Einkommensausfall, Pflegebedürftigkeit und Tod, falls Hinterbliebene zu versorgen sind. Sie gehören nicht direkt zur Altersvorsorge, aber ohne sie kann die ganze Planung kippen. Mehr dazu erfahren Sie in unserer Checkliste „Versicherungen prüfen".

Auch der Geldfluss im Alltag zählt. Hohe Fixkosten engen ein, künftige Entlastungen wie das Ende der Ausbildung schaffen Luft. Sparen funktioniert am besten automatisch. Wer einen Dauerauftrag einrichtet und die Sparrate jährlich leicht erhöht, baut fast unmerklich eine solide Vorsorge auf.

Beispielhaft dafür betrachten wir die Strategie von Sabine und Robert, einem Paar Anfang 30 mit zwei Kindern: Robert arbeitet Vollzeit, Sabine Teilzeit, die Kinder besuchen die Kita. Monatlich bleibt kaum Spielraum. Ihre Lösung: Erst einen Notgroschen bilden, dann einen Riester-Vertrag mit Kinderzulage nutzen. Sobald die Kita endet, erhöhen sie die Sparrate deutlich. Ihr Plan folgt der eigenen Lebenssituation, anstatt dagegen anzusparen.

Zeithorizonte und Risikotragfähigkeit bestimmen

Wer anlegt, muss wissen, wann er das Geld braucht. Die Sparraten für kurzfristige Ziele – etwa ein Autokauf – gehören aufs Tagesgeldkonto. Mittelfristige Pläne – wie der Kauf einer Wohnung in fünf Jahren – können in Mischfonds oder Anleihen-ETF fließen. Für die Altersvorsorge, die Jahrzehnte entfernt ist, eignen sich Aktien-ETF oder gemanagte Aktienfonds. Eine Auswahl geeigneter ETF finden Sie ab Seite 103.

Viele Menschen haben mehrere Horizonte zugleich: das Eigenheim zum Ende der Dreißiger oder Anfang der Vierziger, die Ausbildung der Kinder in den Fünfzigern, die Rente in den Sechzigern. Deshalb ist es

Vorsorge muss zum Leben passen

Je nach Situation sollten unterschiedliche Vorsorgetöpfe bespart werden.

Lebensumstand	Wirkung auf Vorsorge
Befristeter Vertrag	höherer Notgroschen nötig
Mietwohnung	Flexibel, aber keine mietfreie Rente
Eigenheim mit Kredit	Belastung bis Tilgung, danach Entlastung
Alleinerziehend	Zulagen besonders wichtig, Budget knapper
Doppelverdiener-Paar	mehr Stabilität, höhere Sparfähigkeit

sinnvoll, die Töpfe für die verschiedenen Ziele und Horizonte zu trennen.

Neben der Zeit spielt beim Anlegen die Risikotragfähigkeit eine wichtige Rolle. Sie wird oft mit Risikoneigung verwechselt. Risikoneigung ist das Bauchgefühl. Tragfähigkeit beschreibt, wie viel Risiko jemand objektiv verkraften kann. Wer einen sicheren Job und einen hohen Notgroschen hat, kann stärker auf Aktien setzen. Wer ein schwankendes Einkommen und hohe Verpflichtungen hat, sollte vorsichtiger vorgehen. Für den Ruhestand empfiehlt es sich, ein bis zwei Jahresausgaben in sicheren Anlagen zu parken. So können Börsenschwankungen ausgesessen werden. Mit einem Pantoffel-Portfolio kann das gelingen.

Strategie entwickeln und Fahrplan aufstellen

Sind Ziele, Zeiträume, Risikotoleranz und Lebensumstände geklärt, entsteht daraus die persönliche Strategie. Sie verbindet gesetzliche, stattlich geförderte und private Bausteine zu einem Ganzen. Dabei helfen Wenn-dann-Regeln:

Wenn Elternzeit ansteht, wird die Sparrate vorübergehend reduziert und später wieder erhöht. Wenn ein Jobwechsel erfolgt, sollte die betriebliche Altersvorsorge überprüft werden. Beim geplanten Immobilienkauf kann es sinnvoll sein, den Risikoanteil zu senken, wenn zeitnah und sicher Eigenkapital benötigt wird. Und falls ein Pflegefall in der Familie eintritt, müssen die Ziele meist neu gewichtet werden.

Wie das aussehen kann, zeigt das Beispiel von Sara, 41, und Tim, 43: Das Paar möchte mit 65 schuldenfrei sein und eine Weltreise unternehmen. Sie vereinbaren: Jedes Jahr leisten sie eine Sondertilgung für den Kredit, den sie fürs Eigenheim aufgenommen haben. Parallel sparen sie in einen ETF für die große Reise. Ihre Regel lautet: Jeder Bonus und jede Steuererstattung fließen zu 70 Prozent in die Tilgung und zu 30 Prozent in die Vorsorge. Damit verfolgen sie beide Ziele gleichzeitig.

Solche einfachen Regeln helfen, den Kurs zu halten. Ein Fahrplan zeigt, welche Schritte wann anstehen und welche Bausteine welche Rolle übernehmen. Er ist keine starre Vorschrift, sondern ein flexibles Orientierungssystem.

Wer Vorsorgeziele definiert, Risiken realistisch einschätzt und dazu einen Fahrplan entwirft, schafft Klarheit. Produkte sind dann nicht mehr das Problem, sondern das Werkzeug. Wichtig ist die Reihenfolge: erst die Ziele, dann die Strategie, zum Schluss die Umsetzung mit Produkten.

Fazit: Vorsorge ist ein dynamischer Prozess. Sie verändert sich mit dem Leben und bleibt doch an klaren Grundsätzen orientiert. Ein Sicherheitspuffer schützt vor Notfällen, klare Ziele lenken die Richtung, Wenn-dann-Regeln sorgen für Anpassungsfähigkeit. Wer diesen Rahmen setzt, kann gelassen bleiben – auch wenn Märkte schwanken oder das Leben Wendungen nimmt.

Besonderheiten für Selbstständige

Wer selbstständig arbeitet, organisiert seine Altersvorsorge allein. Die gute Nachricht: Mit einem vernünftigen Mix aus gesetzlicher Absicherung, steuerlich geförderten Bausteinen und freier Geldanlage lässt sich auch ohne Konzern im Rücken eine robuste Altersvorsorge aufbauen.

Die Gruppe der Selbstständigen ist bunt gefächert. Da ist die Solo-Grafikerin mit Auftragsspitzen und -flauten, der Inhaber einer Physiotherapiepraxis mit Angestellten und der Handwerksmeister mit stabilem Stammgeschäft. Ein gemeinsamer Irrtum hält sich hartnäckig: Die gesetzliche Rentenversicherung bringe Selbstständigen wenig.

Das stimmt so nicht: Die gesetzliche Rentenversicherung ist mehr als eine spätere Altersrente. Sie schützt auch bei Erwerbsminderung und kann über die Grundrente niedrige Lebenseinkommen teilweise ausgleichen. Für Grundrente und Erwerbsminderungsschutz zählen Pflichtbeiträge.

Selbstständige, die nicht schon pflichtversichert sind, können sich innerhalb der ersten fünf Jahre auf Antrag pflichtversichern. Das tun allerdings die wenigsten.

Die Grundrente ist ein Zuschlag für Menschen, die viele Jahre gearbeitet, Kinder erzogen oder Angehörige gepflegt haben und dabei im Schnitt nur wenig verdient haben. Ab etwa 33 Jahren an Grundrentenzeiten setzt der Zuschlag ein, mit voller Wirkung ab rund 35 Jahren. Er wird automatisch gezahlt, ohne dass ein Antrag nötig ist. Es zählen aber nur Pflichtbeiträge sowie anerkannte Kindererziehungs- und Pflegezeiten. Freiwillige Beiträge bleiben außen vor.

Aussehen kann die gesetzliche Rente für Unternehmer etwa wie bei Mehmet, 34, IT-Support, nach zehn Jahren als Angestellter nun soloselbstständig: Mehmet hat in guten Monaten mittlere vierstellige Einnahmen, in schwachen kratzt er an der Null. Anfangs sparte er gar nicht. Heute zahlt er Pflichtbeiträge in die gesetzliche Rentenversicherung ein und sichert sich so den Erwerbsminderungsschutz. Parallel läuft ein ETF-Sparplan, dessen Rate er an die Auftragslage anpasst.

Welche Bausteine tragen

Die Basisrente, nach ihrem Erfinder oft „Rürup-Rente" genannt, bietet steuerliche Vorteile. Die Beiträge mindern die Steuerlast schon heute, das angesparte Geld fließt später als lebenslange Rente. Sie ist in der Regel pfändungssicher und nicht abtretbar oder beleihbar, dafür aber unflexibel. Für Gutverdienende ist sie ein taugliches Werkzeug, für Menschen mit schwankenden Einnahmen ein zweiter Schritt, wenn das Liquiditätspolster stimmt. Wichtig ist die Tarifwahl, denn hohe Kosten können die Rendite auffressen. Mehr dazu lesen Sie ab Seite 64.

Die freie Geldanlage über breit gestreute ETF ergänzt diese Basis. Sie ist günstig, transparent und jederzeit anpassbar. Wer mit Sockel- und Bonusregeln arbeitet, hält die Vorsorge auch in mageren Monaten am Laufen. Immobilien können ein Baustein sein, wenn Finanzierung und Lage passen. Sie ersetzen aber keine liquiden Mittel und kein Wertpapierdepot, das im Zweifel schneller verfügbar ist als das Betongold.

Petra, 46, ist Inhaberin einer Physiopraxis mit fünf Angestellten. Die Praxis läuft gut, Petra zahlt einen hohen Steuersatz. Für ihr Team hat sie eine betriebliche Altersvorsorge (bAV) aufgesetzt. Für sich selbst kann sie diese Lösung nicht nutzen, weil sie als Einzelunternehmerin keine Arbeitnehmerin ihres eigenen Betriebs ist. Eine bAV funktioniert nur für Beschäftigte; Petra könnte sie erst dann für sich nutzen, wenn sie eine Kapitalgesellschaft gründen würde. Sie setzt deshalb auf zwei Schienen: eine Basisrente für die sofortige Steuerentlastung und ein globales ETF-Depot für Flexibilität. Überschüsse aus starken Quartalen investiert sie zusätzlich, schwächere Phasen überbrückt sie mit einem soliden finanziellen Puffer.

Schwankende Einnahmen in den Griff bekommen

Die größte Hürde bei der Altersvorsorge für Selbstständige sind schwankende Einnahmen. Wer von Auftrag zu Auftrag lebt, braucht Regeln, die auch dann halten, wenn ein Kunde später zahlt. Eine einfache Regel lautet: Erst der Puffer, dann die Vorsorge, dann die Extras. Eine kleine Rate läuft jeden Monat. Kommt ein Bonus, fließt ein Teil zusätzlich in das Depot oder in die Basisrente. Wer das konsequent betreibt, profitiert doppelt: Das Geschäft bleibt liquide, und die Altersvorsorge wächst stetig.

Ein Beispiel zeigt, wie das funktionieren kann: Svenja, 29, verdient als Online-Händlerin im Weihnachtsgeschäft viel, im Frühjahr wenig. Ihr Plan: Jeden Monat fließen 100 Euro ins ETF-Depot. Vom Saisonplus investiert sie zusätzlich einen Fixanteil, den Rest behält sie als Warenvorschuss und Betriebspuffer. Das Ergebnis nach zwei Jahren: ein fünfstelliger Depotwert und trotzdem genug Liquidität für den Einkauf.

Krankenversicherung – früh die Weichen stellen

Viele Selbstständige sind privat krankenversichert. Das ist in jungen Jahren oft günstiger und bietet umfangreiche Leistungen. Mit dem Alter steigen die Beiträge. Wer privat versichert bleibt, sollte die künftigen Beiträge realistisch einplanen. Entlastungstarife helfen, die Kosten im Ruhestand zu drücken, kosten aber extra. Ein gut gefüllter Vorsorgepuffer ist Pflicht. Es gibt auch gesetzlich garantierte Auffanglösungen wie den Basis- und Standardtarif, sie sind jedoch nur ein Netz für den Notfall.

Andere Selbstständige sind freiwillig in der gesetzlichen Krankenversicherung. Im Alter entscheidet sich, ob die Mitgliedschaft als Rentnerin oder Rentner besonders günstig wird. Wer die meiste Zeit der zweiten Hälfte des Erwerbslebens gesetzlich versichert war, kommt in die Krankenversicherung der Rentner (KVdR). Beiträge fallen dann vor allem auf gesetzliche Rente sowie auf Betriebsrenten, Arbeitseinkommen, Gewinne und Privatentnahmen an. Wer diese Voraussetzung nicht erfüllt, bleibt freiwillig gesetzlich versichert und zahlt Beiträge auch auf weitere Einkünfte, etwa Mieten oder Kapitalerträge.

Streuung statt Klumpenrisiko

Ein häufiger Fehler ist, alles in eine einzige Anlageidee zu stecken. Selbstständige lieben ihr Geschäft und investieren gerne in Maschinen, Werbung oder den nächsten Standort. Das kann richtig sein, ersetzt aber kein privates Vermögen, das unabhängig vom Betrieb existiert. Ebenso trügerisch ist die Vorstellung, Immobilien allein seien eine sichere Rente. Sie binden Kapital, müssen instandgehalten werden, stehen auch mal

So entscheiden Selbstständige über ihre Vorsorge

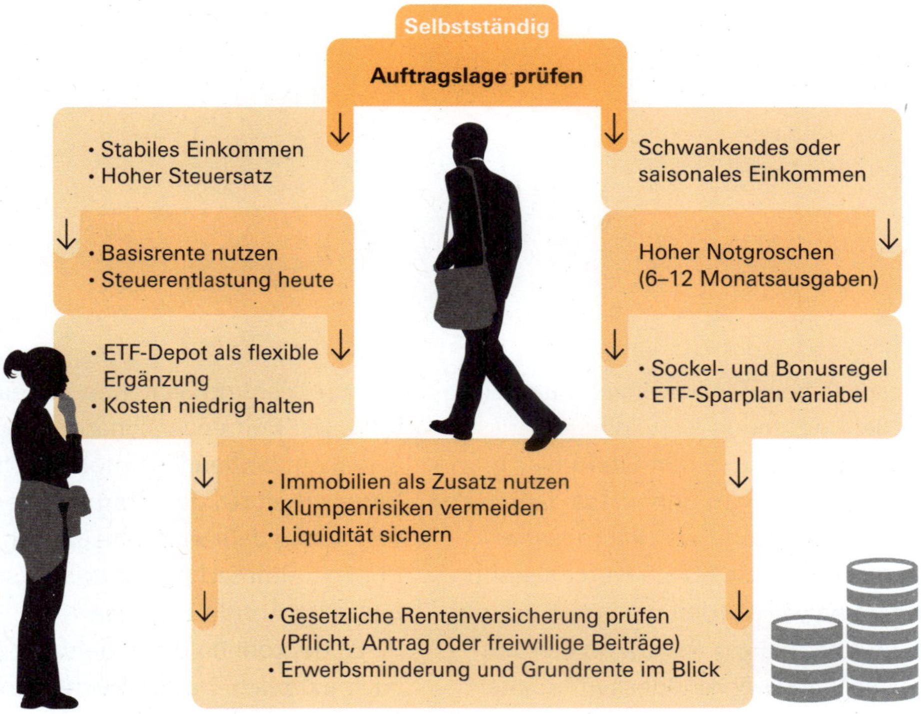

Der passende Vorsorgemix: Selbstständige sollten ihr Vorsorge-Portfolio auf ihre langfristig absehbare Einnahmensituation abstimmen: Schwankend oder stetig, neu im Markt oder etabliert – das sind die Fragen, auf die es dabei ankommt.

leer und liefern keine Liquidität, wenn gerade Spielraum nötig ist.

Eine breit aufgestellte Vorsorge kann aussehen wie bei Karl, 55, Handwerksmeister: Karl hat seinen Betrieb erfolgreich aufgebaut. Jahrelang steckte er jeden Euro ins Unternehmen und kaufte als Kapitalanlage zwei vermietete Wohnungen. Erst mit Mitte 50 zog er eine Linie: Die Firma bleibt wichtig, aber das Privatvermögen braucht Breite. Er führt seitdem freiwillige Zahlungen in die Rentenkasse fort, um Beitragszeiten und später eine stabile Basis zu sichern.

Zusätzlich hat er ein Depot mit einem weltweit anlegenden ETF und einem Anleiheanteil eingerichtet, das er jährlich bespart. Ein Liquiditätstopf deckt mindestens ein Jahr private Ausgaben. So verlässt er sich nicht nur auf Betongold und die spätere Firmenübergabe, sondern hat drei Standbeine: gesetzliche Absicherung, Wertpapierdepot, Immobilieneinkünfte.

Fazit: Selbstständige haben also viele Freiheitsgrade. Sie können Steuern sparen, flexibel investieren und ihr Vermögen nach eigenem Plan aufbauen. Genau diese Freiheit verlangt aber klare Entscheidungen.

Ein robustes Gerüst besteht aus drei Teilen: ein verlässliches Fundament über die gesetzliche Rentenversicherung, ein steuerlich kluger Baustein über die Basisrente und ein flexibler Wachstumsteil über breit gestreute ETF. Immobilien können ergänzen, dürfen aber nicht alles dominieren. Wer zusätzlich die Krankenversicherung im Alter mitdenkt und Einnahmeschwankungen über Regeln und Puffer abfedert, muss den Ruhestand nicht dem Zufall überlassen.

Elternzeit und Teilzeitarbeit

Elternzeit und Teilzeitarbeit sind besondere Lebensphasen. Die Familie steht im Mittelpunkt, das Einkommen ist reduziert, Sparraten sinken. Viele fürchten deshalb große Lücken in der Altersvorsorge. Oft ist das unbegründet. Wichtig ist, dass Vorsorge in dieser Zeit nicht ganz vom Radar verschwindet.

In der gesetzlichen Rentenversicherung sind Kindererziehungszeiten ein wichtiger Ausgleich. Pro Kind werden den Eltern bis zu drei Jahre angerechnet, ohne dass dafür eigene Beiträge gezahlt werden müssen. Diese Zeit zählt so, als ob ein Durchschnittseinkommen erzielt worden wäre.

Das gilt unabhängig davon, ob die Mutter oder der Vater währenddessen arbeitet oder nicht. Wer in Teilzeit tätig ist, erhält zusätzlich die Rentenpunkte aus den eigenen Beiträgen. Damit entsteht eine Art Doppelwirkung: Kindererziehungszeiten plus Teilzeitbeiträge, allerdings mit Kappung bei der Entgeltpunktzahl, die für den Höchstbeitrag gilt. Voraussetzung ist außerdem, dass die Kindererziehungszeiten korrekt erfasst sind. Ein Kontenklärungsantrag bei der Deutschen Rentenversicherung sorgt dafür, dass keine Lücken bleiben.

Ein Beispiel: Julia, 35, arbeitet seit Jahren als Erzieherin. Nach der Geburt ihres ersten Kindes reduziert sie auf 25 Stunden pro Woche. Sie fürchtet große Nachteile für ihre Altersvorsorge. Bei einer Rentenauskunft stellte sie jedoch fest, dass beide Kinder voll mit jeweils drei Jahren Kindererziehungszeit berücksichtigt sind.

Zusammen ergibt das sechs Jahre mit vollen Rentenpunkten, wie sie sie bei einer Beschäftigung mit Durchschnittsverdienst erworben hätte. Dazu kommen ihre eigenen Beiträge aus der Teilzeit. Ihr Rentenkonto ist damit besser gefüllt, als sie dachte.

Eltern müssen die Kindererziehungszeit beantragen. Die Rentenansprüche für die Kindererziehung bestehen nur einmal pro Kind. Die Rentenversicherung rechnet sie also nicht beiden Elternteilen voll an. In der Regel erhält sie der Elternteil, der sich in den ersten Jahren hauptsächlich um das Kind gekümmert hat. Wer das ist, geben Eltern im Antrag an.

Eltern können die Erziehungszeit aber auch aufteilen. Dazu braucht es eine gemeinsame Erklärung der Eltern für die Zukunft, die maximal auch zwei Monate rückwirkend abgegeben werden kann. Kümmert sich die Mutter im ersten Jahr und der Vater in den zwei darauffolgenden Jahren, wird sie beiden anteilig angerechnet. Möchten sie die Erziehungszeit anders aufteilen, müssen sie auch dies gemeinsam gegenüber der Rentenversicherung erklären.

Sonderfall Kammerberufe

Angehörige bestimmter freier Berufe – etwa Ärztinnen, Rechtsanwälte, Steuerberaterinnen oder Architekten – sind in der Regel von der gesetzlichen Rentenversicherungspflicht befreit und zahlen stattdessen in ein berufsständisches Versorgungswerk ein. In der gesetzlichen Rentenversicherung erwerben sie daher meist nur Anwartschaften aus Kindererziehungszeiten. Diese werden unabhängig vom beruflichen Einkommen gutgeschrieben und unterliegen nicht der Beitragsbemessungsgrenze. Eine Kappung von Rentenansprüchen ist in diesem Zusammenhang daher nicht relevant. Allerdings

Das bringen Kindererziehungszeiten für die Rente

Für die Zeit der Kindererziehung schreibt die Rentenversicherung Mutter oder Vater je rund 2,5 oder 3 Entgeltpunkte pro Kind gut. Unsere Tabelle zeigt, was das in Euro heißt. Gerechnet haben wir mit dem Rentenwert, der ab 1. Juli 2025 gilt. Beschäftigte, die während der Erziehungszeit überdurchschnittlich verdienen, profitieren allerdings nur anteilig oder gar nicht von den Erziehungszeiten.

Rentenplus in Euro / Monat

Anzahl Kinder	Geburt der Kinder bis 1991	Geburt der Kinder ab 1992
1	102	122
2	204	245
3	306	367
4	408	489

Werte gerundet. Die Unterscheidung nach Geburtstermin könnte im Rahmen der Mütterrente ab 2027 fallen. Zugrundegelegt wurden das vorläufige Durchschnittsentgelt für 2025 und der Rentenwert zum 1. Juli 2025.

gilt auch hier die allgemeine Wartezeit von 60 Monaten. Wer also genau ein Kind hat und damit 36 Monate vorweisen kann, hat allein daraus noch keinen Rentenanspruch.

Während der Elternzeit sinkt das Einkommen oft deutlich. Viele können ihre Sparraten nicht halten. Wer Verträge kündigt, verliert aber häufig nicht nur Kapital, sondern auch Förderungen oder alte Garantien. Besser ist es, den Vertrag ruhen zu lassen oder die Beiträge zu reduzieren.

Ein gutes Beispiel ist der Riester-Vertrag. Schon mit einem Mindestbeitrag von 60 Euro im Jahr kann der volle Anspruch auf die Grundzulage erhalten bleiben (siehe Infopassage rechts). Für Eltern gibt es zusätzlich Kinderzulagen, die während der Elternzeit weitergezahlt werden. Nach dem Wiedereinstieg in den Beruf sollte die Sparrate überprüft werden. Idealerweise wird sie wieder auf das alte Niveau angehoben. Manche Familien entscheiden sogar, die Beiträge für einige Jahre darüber hinaus zu erhöhen, um die Pause auszugleichen. Auf diese Weise bleibt die private Vorsorge auf Kurs, ohne dass Familienzeit automatisch zu einer Rentenlücke führen muss.

Riester-Zulagen während der Elternzeit

Riester-Verträge sind in der Elternzeit besonders attraktiv. Das liegt an der staatlichen Förderung. Auch wenn kaum eigenes Einkommen vorhanden ist, genügt ein Mindestbeitrag von 60 Euro im Jahr, um die staatliche Grundzulage von 175 Euro zu erhalten. Für jedes Kind gibt es zusätzlich eine Kinderzulage. Sie beträgt 185 Euro für Kinder, die vor 2008 geboren wurden, und 300 Euro für später geborene Kinder. So können Eltern während der Erziehungsphase mit wenig Eigenleistung mehrere Hundert Euro pro Jahr auf ihr Vorsorgekonto lenken.

Teilzeit endet oft nicht mit der Elternzeit. Viele Mütter – zunehmend auch Väter – bleiben dauerhaft bei 20 oder 30 Stunden, um Familie und Beruf besser miteinander vereinbaren zu können. Das erleichtert den Alltag, wirkt sich aber langfristig auf die Rente aus. Jeder fehlende Beitragsmonat bedeutet weniger Rentenpunkte.

Wer dauerhaft in Teilzeit arbeitet, sollte seine Vorsorge neu kalkulieren. Eine Möglichkeit ist, die Sparrate prozentual an das Einkommen zu koppeln. So wächst die private Vorsorge automatisch mit jeder Gehaltserhöhung. In Partnerschaften kann auch vereinbart werden, dass der besserverdienende Partner zusätzliche Beiträge für den anderen übernimmt. Wichtig ist, dass beide gemeinsam planen und die langfristigen Folgen offen besprechen.

Sonderregeln für Beamte bei Elternzeit und Teilzeit

Für Beamtinnen und Beamte gelten andere Regeln. Sie zahlen nicht in die gesetzliche Rentenversicherung ein, sondern haben Anspruch auf Pension. Kindererziehungszeiten werden hier nicht in Rentenpunkten, sondern über Zuschläge zum Ruhegehalt berücksichtigt. Das bedeutet: Zeiten der Kindererziehung können die Pension erhöhen, auch wenn weniger gearbeitet wird.

Teilzeitarbeit wirkt sich bei Beamten dadurch aus, dass die ruhegehaltsfähige Dienstzeit langsamer wächst. Wer dauerhaft in Teilzeit bleibt, muss mit einer niedrigeren Pension rechnen. Deshalb sollten Beamtinnen und Beamte besonders prüfen, ob sie private Vorsorge ergänzen – zum Beispiel durch Riester-Verträge, die auch für sie förderfähig sein können, oder durch ETF.

Vorsorge ist in der Familienphase nicht nur eine individuelle, sondern auch eine gemeinsame Aufgabe. Es ist wenig sinnvoll, wenn ein Partner Vollzeit arbeitet und umfassend vorsorgt, während der andere große Lücken in Kauf nimmt.

Fair wäre es, wenn der oder die besser Verdienende einen zusätzlichen Sparplan für die Partnerin oder den Partner anlegen würde. Klare Absprachen sind dabei wichtig. Eheverträge oder Partnerschaftsvereinbarungen können ergänzend zu einem Versorgungs- und Zugewinnausgleich im Scheidungsfall oder an Stelle dieser festlegen, wie Vermögen und Vorsorge im Fall einer Trennung verteilt werden. So wird vermieden, dass einer im Alter mit Lücken dasteht, während der andere komfortabel abgesichert ist.

Das kann zum Beispiel so funktionieren: Andreas, 40, Ingenieur, nimmt für zwei Jahre Elternzeit und reduziert auf 20 Stunden pro Woche. Seine eigenen Beiträge in die gesetzliche Rente sinken. Gleichzeitig werden ihm die Kindererziehungszeiten angerechnet, sodass die Lücke kleiner ist als gedacht. Seinen Riester-Vertrag hält er mit dem Mindestbeitrag aufrecht. Außerdem richtet er gemeinsam mit seiner Frau einen ETF-Sparplan ein, den sie aus ihrem höheren Einkommen finanziert. Damit bleibt die Verantwortung für die Vorsorge fair verteilt. Die Aufteilung im Trennungsfall regeln sie in einer Zusatzvereinbarung im Ehevertrag.

Fazit: Elternzeit und Teilzeitarbeit müssen keine Vorsorgefalle sein. Kindererziehungszeiten werten die gesetzliche Rente spürbar auf, Riester-Verträge sichern Förderungen auch bei kleinen Beiträgen. Wer private Verträge nicht kündigt, sondern nur pausiert, bleibt flexibel. Wichtig ist, nach der Rückkehr in den Beruf die Beiträge wieder anzupassen und gemeinsam über langfristige Lösungen nachzudenken. Wer dies beachtet, kann Familienzeit genießen, ohne die Altersvorsorge aus dem Blick zu verlieren.

Last-Minute-Vorsorge für Spätstarter

Manche Menschen beginnen erst spät, ernsthaft an ihre Rente zu denken. Ab Mitte 50 wächst die Sorge, dass die Zeit nicht mehr reicht. Doch auch in den letzten Jahren vor dem Ruhestand lässt sich noch einiges bewegen.

Der erste Schritt für die Last-Minute-Vorsorge ist eine ehrliche Bilanz. Dazu gehören die Renteninformation der Deutschen Rentenversicherung, bestehende Betriebsrenten oder private Sparverträge, Vermögenswerte wie Immobilien oder Wertpapierdepots sowie offene Kredite. Nur wer seine Ausgangslage kennt, kann kluge Entscheidungen treffen. Bei der Bestandsaufnahme helfen unsere „Checklisten und Arbeitshilfen" im Formularteil an Ende dieses Buchs.

Wichtig ist, die Ziele an die Realität anzupassen. Wer erst mit Ende 50 anfängt, wird keine Zusatzrente von 1500 Euro im Monat mehr aufbauen. Ziel sollte sein, die drohende Lücke zu verkleinern und sich ein Polster für zusätzliche Ausgaben zu schaffen. Schon 100 oder 200 Euro mehr im Alter können den Unterschied machen, ob das Geld knapp oder ausreichend ist. Dazu wären bei zehn Jahren Ansparzeit und sechs Prozent Zinsen nach Steuern und Kosten rund 85 oder 170 Euro Sparrate nötig. Daran sieht man: Ein kurzer Anlauf verlangt umso mehr Sprungkraft, wenn die Weite stimmen soll, aber auch dann ist noch eine merkliche Aufbesserung der Rente möglich.

Heike, 57, ist Krankenschwester und hat bisher kaum privat vorgesorgt. Ihre Rentenauskunft zeigt: Mit 67 hätte sie Anspruch auf rund 1200 Euro. Dazu kommt ein kleiner Bausparvertrag, Schulden hat sie keine. Ihr Ziel ist klar: die Rente etwas aufzupolstern. Sie entscheidet sich, monatlich 200 Euro in ein Pantoffel-Portfolio zu investieren. Zwar ist das hart an der Untergrenze für eine Aktienanlage, die nicht spekulativ sein soll. Deshalb entscheidet sie sich für die vorsichtige Variante mit 25 Prozent Aktienanteil. Zusätzlich plant sie, eine Nebentätigkeit in Teilzeit weiterzuführen, solange es gesundheitlich möglich ist.

Staatliche und betriebliche Hebel nutzen

Auch Spätstarter können staatliche Förderungen nutzen. Ein wichtiger Hebel sind freiwillige Zahlungen in die gesetzliche Rentenversicherung. Auch Einzahlungen zur Schließung von Lücken aus früheren Jahren sind möglich. Ausführlicher haben wir das ab S. 68 beschrieben.

Riester-Verträge lohnen sich neu meist nicht mehr, weil die Laufzeit zu kurz ist. Bestehende Verträge sollten aber gehalten werden, um weiter von Zulagen und Garantien zu profitieren. Für Selbstständige mit hohem Einkommen kann die Basisrente (Rürup) noch interessant sein, weil die steuerliche Absetzbarkeit sofort wirkt. Lesen Sie dazu mehr ab S. 64.

Auch in der betrieblichen Altersvorsorge (bAV) lohnt ein Blick. Manche Arbeitgeber bieten ihren Beschäftigten Zuschüsse an, die so attraktiv sind, dass sich auch ein später Einstieg noch rechnet. Hier gilt es, die konkreten Konditionen zu prüfen. Hinweise zur bAV geben wir ab S. 74.

Chancen und Grenzen von Kapitalanlagen

Auch mit zehn Jahren Restlaufzeit lohnt sich der Blick auf Aktien. Wer bereit ist, Schwankungen auszuhalten, hat noch immer Chancen auf ordentliche Renditen. Wichtig ist die Mischung: Ein Teil des Geldes bleibt sicher in Tagesgeld oder Festgeld, der andere Teil wird in breit gestreute ETF investiert. Die Aufteilung zwischen sicherheitsorientierter Zinsanlage und chancenreichem Aktieninvestment hängt dabei von der persönlichen Risikoneigung ab.

Riskante Produkte wie exotische Fonds oder hochspekulative Anlagen sind tabu. Die Zeit ist zu knapp, um Verluste wieder auszugleichen, und die Stiftung Warentest rät von diesen Produkten auch dann ab, wenn genügend Zeit vorhanden wäre. Immobilienkäufe sollten in diesem Alter ebenfalls sehr kritisch geprüft werden. Ein hohes Darlehen mit langer Laufzeit passt nicht mehr in die Lebensplanung.

Thomas, 60 Jahre alt und Sachbearbeiter, erhält eine Abfindung von 40 000 Euro. Lange hatte er nichts für die Rente getan. Jetzt entscheidet er sich für eine Kombination: Die Hälfte fließt als Einmalzahlung in die gesetzliche Rentenversicherung, um Abschläge bei einem möglichen früheren Rentenstart auszugleichen. Die andere Hälfte legt er in einem ETF-Weltportfolio an, das er bis zum Renteneintritt laufen lässt. So verbindet er Sicherheit mit Renditechance.

Zusatzeinkommen und Kostenbremse

Nicht jede Vorsorgelücke lässt sich durch Sparen schließen. Zusatzeinkommen im Alter ist daher ein wichtiger Baustein, um die Rentenlücke zu schließen. Viele planen, im Ruhestand zumindest in Teilzeit weiter zu arbeiten. Der Staat fördert das seit 1. Januar 2026. Die im Dezember 2025 im Rahmen des großen Rentenpakets beschlossene Aktivrente der Bundesregierung sieht vor, dass Personen, die die gesetzliche Regelaltersgrenze erreicht haben und weiterhin sozialversicherungspflichtig beschäftigt sind, bis zu 2000 Euro pro Monat aus dieser Beschäftigung steuerfrei hinzuverdienen dürfen. Minijobs sind davon ausgenommen.

Die Aktivrente ist also keine neue Rentenleistung, sondern ein steuerlicher Anreiz für Menschen im Rentenalter, weiterzuarbeiten. Der neue steuerfreie Freibetrag wird zusätzlich zum regulären Grundfreibetrag gewährt. Anspruch haben Arbeitnehmerinnen und Arbeitnehmer, die das gesetzliche Regelalter für die Rente erreicht haben. Die Steuerfreiheit greift unabhängig davon, ob bereits eine reguläre Altersrente bezogen wird oder der Rentenbezug aufgeschoben wurde. Nicht berechtigt sind neben den Minijob-Beschäftigten laut Gesetz Selbstständige, Land- und Forstwirte sowie Beamte.

Genauso wichtig wie Zusatzeinkommen ist die Kostenkontrolle. Wer eine eigene Immobilie hat, ist im Vorteil: Mietfreies Wohnen wirkt wie eine Zusatzrente. Wer noch Schulden hat, sollte prüfen, ob eine vorzeitige Tilgung sinnvoller ist als zusätzliche Anlageprodukte. Je höher der Darlehenszins, desto eher rechnet sich das. Auch eine bewusste Anpassung des Lebensstandards kann helfen, die Rente tragfähig zu machen.

Fazit: Spätstarter können das Rad nicht zurückdrehen, aber immer noch vieles korrigieren. Wer seine Situation ehrlich analysiert, staatliche und betriebliche Möglichkeiten nutzt, vorsichtig, aber konsequent investiert und zusätzlich auf Kosten achtet, kann selbst kurz vor der Rente noch spürbare Verbesserungen erreichen. Entscheidend ist, nicht länger zu zögern.

Das Ziel im Auge behalten: regelmäßige Überprüfung und Anpassung

Einkommen, Familienlage, Märkte und Gesetze verändern sich. Wer seine Strategie regelmäßig überprüft, erkennt rechtzeitig, wo nachgesteuert werden muss. So lassen sich kleinere Korrekturen schrittweise vornehmen, anstatt irgendwann eine große Lücke stopfen zu müssen.

In jedem Leben gibt es kleine und große Veränderungen. Manche wechseln den Job, andere gehen in Elternzeit, wieder andere erben ein Haus oder trennen sich vom Partner. Auch politische Entscheidungen wirken direkt auf die Altersvorsorge: Förderungen werden eingeführt oder gestrichen, Steuern beschlossen, Rentenregeln reformiert.

Ein Vorsorge-Check einmal im Jahr ist darum zu empfehlen. Dabei geht es nicht darum, jedes Detail neu zu planen. Wichtiger ist der Überblick: Welche Verträge laufen? Passen die Sparraten noch zum Einkommen? Reichen die Rücklagen? Gibt es neue Risiken, die abgesichert werden sollten? Wer diese Fragen regelmäßig stellt, ist im Vorteil. Kleine Anpassungen fallen leichter, große Korrekturen kurz vor der Rente sind dagegen oft schmerzhaft.

Die 38-jährige Ärztin Katharina arbeitet in einer großen Klinik. Sie nutzt die betriebliche Altersvorsorge, die dort über eine Direktversicherung angeboten wird. Beim jährlichen Check prüft sie ihre Unterlagen. Das Ergebnis überrascht sie: Die Effektivkosten ihres Vertrags verringern die Rendite um rund 2,5 Prozentpunkte – ein hoher Wert, der ihre Rente langfristig deutlich schmälert. Im Gespräch mit der Personalabteilung erfährt sie, dass die Klinik inzwischen auch einen günstigeren Kollektivtarif über einen anderen Anbieter anbietet. Katharina stellt ihren bisherigen Vertrag beitragsfrei, ihre erworbenen Ansprüche bleiben bestehen. Neue Beiträge fließen ab sofort in den kostengünstigeren Tarif. So sichert sie sich weiterhin den Arbeitgeberzuschuss, senkt aber die Kosten deutlich.

Neben dem festen jährlichen Check gibt es Ereignisse, die sofortiges Handeln erfordern. Ein klassischer Anlass ist eine Gehaltssteigerung. Wer mehr verdient, sollte automatisch auch die Sparrate erhöhen – am besten über eine feste Quote. So wächst die Vorsorge mit, ohne dass es das Budget im Alltag über Gebühr belastet.

Beispiel: Markus, 40, wird befördert und verdient künftig 400 Euro netto mehr. Statt das ganze Gehaltsplus in den Konsum fließen zu lassen, erhöht er seinen ETF-Sparplan um 150 Euro. Damit verstärkt er ohne großen Verzicht seine Altersvorsorge.

Die Geburt eines Kindes verändert nicht nur die Ausgaben, sondern auch die Fördermöglichkeiten. Riester-Verträge werden durch Kinderzulagen attraktiver. Außerdem sollte die Absicherung für den Ernstfall erneut geprüft werden.

Beispiel: Sarah, 32, Angestellte im öffentlichen Dienst, wird Mutter. Sie erhält nun 300 Euro Kinderzulage pro Jahr für ihren Riester-Vertrag. Ihr Eigenbeitrag sinkt dadurch effektiv, und sie entscheidet, die Förderung voll auszuschöpfen. Zusätzlich schließt sie mit ihrem Partner eine Risikolebensversicherung ab, damit die Familie im Todesfall finanziell abgesichert ist.

Ein Immobilienkauf oder -verkauf wirkt sich massiv auf die Finanzplanung aus. Ein Kredit bedeutet Belastungen für viele Jahre, ein Verkauf kann dagegen Liquidität schaffen, die neu angelegt werden sollte.

Beispiel: Familie Schuster kauft ein Reihenhaus. Die monatliche Kreditrate von 1200 Euro verschlingt den größten Teil der bisherigen Sparrate. Sie beschließen, die ETF-Sparpläne vorübergehend zu pausieren, die Riester-Verträge aber weiterzuführen, weil dort Zulagen fließen. Nach fünf Jahren, wenn das Einkommen gestiegen ist, nehmen sie die Sparpläne wieder auf.

Auch eine Erbschaft oder Abfindung verlangt schnelle Entscheidungen. Geld, das auf dem Girokonto bleibt, verliert durch Inflation an Wert. Sinnvoller ist, es nach Zielen aufzuteilen: Ein Teil für Rücklagen, ein Teil für Schuldentilgung, ein Teil für langfristigen Vermögensaufbau.

Beispiel: Uwe, 52, bleiben von einer Abfindung nach Steuern 50 000 Euro. Er nutzt 25 000 Euro zur Sondertilgung seiner Hypothek, 5000 Euro für eine eiserne Reserve und legt den Rest in einem Pantoffel-Portfolio aus Aktien- und Renten-ETF an.

Trennung oder Scheidung sind einschneidende Momente. Durch den Versorgungsausgleich werden Rentenanwartschaften übertragen, gemeinsame Immobilien müssen aufgeteilt oder verkauft werden. Danach ist eine neue Vorsorgestrategie erforderlich.

Thomas und Eva, beide 46, lassen sich nach 20 Ehejahren scheiden. Über den Versorgungsausgleich werden Rentenanwartschaften aufgeteilt. Die gemeinsame Immobilie wird verkauft, das Darlehen getilgt und der Nettoerlös von 200 000 Euro hälftig geteilt. Eva nutzt ihren Anteil, um eine kleinere Wohnung zu kaufen. Thomas legt seinen Anteil zunächst aufs Tagesgeldkonto und investiert ihn dann schrittweise in einen ETF-Sparplan. Zusätzlich erhöht er seine betriebliche Altersvorsorge, weil sein Arbeitgeber dafür 20 Prozent Zuschuss gibt. Beide haben ihre Strategien neu geordnet: Eva setzt auf Sicherheit durch Wohneigentum, Thomas auf Flexibilität durch liquide Anlagen.

Unser Formular „Portfolio überprüfen und anpassen" erleichtert den jährlichen Vorsorge-Check. Damit können Sie einfach feststellen, ob Ihre Vorsorge gemäß dem gewählten Risikoprofil noch auf Kurs ist oder ob Sie gegensteuern müssen.

Der 5-Punkte-Check für Ihre Vorsorge

Ein solider Vorsorge-Check umfasst fünf Schritte. Erstens: die Renteninformation lesen. Zweitens: prüfen, ob die Sparraten zum Einkommen passen. Drittens: alle Verträge und Kosten durchsehen. Viertens: Rücklagen für Notfälle sicherstellen. Fünftens: besondere Ereignisse oder Risiken berücksichtigen. Wer diese Punkte einmal im Jahr durchgeht, bleibt auf Kurs.

Mit Marktveränderungen und Schwarzen Schwänen umgehen

Neben persönlichen Veränderungen wirken auch äußere Faktoren. Märkte schwanken, Zinsen verändern sich, Gesetze werden angepasst. Kursschwankungen und vorübergehende Rückschläge an den Börsen sind normal. Wichtig ist, Sparpläne in Krisen nicht zu stoppen. Wer im Kurstal investiert bleibt, profitiert historisch gesehen vom

Aufschwung danach. Rebalancing – also die Rückführung der Anteile ins geplante Verhältnis – bringt die Risikostruktur ins Lot.

Niedrigzinsen haben Anleger über Jahre belastet. In dieser Zeit gab es kaum eine andere Option, als mehr auf Aktien zu setzen. Mit dem jüngsten Zinsanstieg sind Zinsanlagen wieder attraktiver geworden. Besonders Anleihen-ETF können heute Chancen bieten, weil sie laufend neue Papiere mit höheren Kupons aufnehmen. Für sicherheitsorientierte Anleger ist das ein guter Zeitpunkt, einen stabileren Portfolioteil aufzubauen.

Beispiel: Claudia, 58, legte nach dem Zinsanstieg 2023 einen Teil ihres Vermögens in einen europäischen Staatsanleihen-ETF. Damit erzielt sie wieder laufende Zinsen von über drei Prozent, was im Euro-Raum bei sicheren Emittenten lange Zeit selten war.

Gesetzesänderungen wie neue Regeln für die bAV oder die Grundrente sollten frühzeitig in den Plan aufgenommen werden. Wer rechtzeitig reagiert, vermeidet Nachteile und kann Chancen nutzen. Nach der Einführung der Grundrente 2021 prüften beispielsweise viele langjährig Versicherte mit niedrigen Einkommen, ob sie Anspruch darauf haben werden. Wer das berücksichtigt, kann seine private Vorsorge umbauen und die Sparrate gezielter einsetzen.

Und schließlich die Schwarzen Schwäne: unvorhersehbare Ereignisse wie die Finanzkrise 2008 oder die Corona-Pandemie. Sie zeigen, wie wichtig Rücklagen sind. Wer ein finanzielles Polster hat, muss in Krisen keine Verträge kündigen. Diversifikation kann Verluste abmildern, weil nicht alle Anlagen gleichzeitig und gleich stark einbrechen.

Beispiel: Während der Covid-Pandemie 2020 verloren Aktienmärkte binnen Wochen mehr als 30 Prozent. Wer breit gestreut investiert war und zusätzlich einen Notgroschen auf Tagesgeld hielt, konnte durchhalten und später vom schnellen Aufschwung profitieren. Wer hingegen panisch verkaufte, realisierte Verluste.

Jens, Ingenieur und 55 Jahre alt, hatte lange viel Geld für wenig Zinsen auf dem Tagesgeldkonto liegen. Er investierte daher einen Teil seines Vermögens in einen Anleihen-ETF. Parallel führt Jens seinen kleinen Aktien-ETF-Sparplan weiter, ohne ihn auszubauen. Für ihn ist das die richtige Mischung: Sicherheit durch Anleihen, Beteiligung an Aktien für die Rendite und ein Notgroschen für Krisen. In der Corona-Pandemie bewährte sich dieses Vorgehen – Jens blieb handlungsfähig und konnte sogar günstig nachkaufen, als sich für ihn das Ende der Krise abzeichnete.

Auch der Tod gehört zu den Extremszenarien, auf die man vorbereitet sein sollte. Eine Risikolebensversicherung sorgt dafür, dass Partnerin oder Partner und Kinder abgesichert sind. Der Schutz muss regelmäßig überprüft werden – insbesondere nach einem Immobilienkauf oder der Geburt von Kindern. Die richtige Absicherung liegt zwischen dem Drei- und dem Fünffachen eines Jahresbruttoeinkommens plus Restschulden und Ausbildungskosten für die Kinder.

Nach Regeln anpassen

Regelmäßige Überprüfung und Anpassung sind das Rückgrat einer soliden Altersvorsorge. Wer einmal im Jahr seinen Plan prüft, erkennt rechtzeitig, wenn sich etwas geändert hat – sei es durch das eigene Leben, durch Märkte oder durch Gesetze.

Anpassungen gehören dazu, aber sie folgen Regeln, nicht Emotionen. Wer Rücklagen hat, breit gestreut investiert und diszipliniert überprüft, bleibt auch in Krisen handlungsfähig. So wird die Vorsorgestrategie zu einer verlässlichen Begleiterin – vom ersten Arbeitstag bis weit in den Ruhestand.

Service

Zinsfaktor (1 bis 50 Jahre Anlage)

Beispiele: Sie legen 25 000 Euro 22 Jahre lang zu 5 Prozent an. Ergebnis: 25 000 Euro × 2,9253 = 73 132,50 Euro. Sie zinsen eine Zahlung von 835 Euro, die in 15 Jahren anfällt, mit der Inflationsrate von 2 Prozent auf die Gegenwart ab: 835 Euro: 1,3459 = 620,40 Euro.

Laufzeit (Jahre)	**2,0 %**	**3,0 %**	**4,0 %**	**5,0 %**	**6,0 %**	**7,0 %**
1	1,0200	1,0300	1,0400	1,0500	1,0600	1,0700
2	1,0404	1,0609	1,0816	1,1025	1,1236	1,1449
3	1,0612	1,0927	1,1249	1,1576	1,1910	1,2250
4	1,0824	1,1255	1,1699	1,2155	1,2625	1,3108
5	1,1041	1,1593	1,2167	1,2763	1,3382	1,4026
6	1,1262	1,1941	1,2653	1,3401	1,4185	1,5007
7	1,1487	1,2299	1,3159	1,4071	1,5036	1,6058
8	1,1717	1,2668	1,3686	1,4775	1,5938	1,7182
9	1,1951	1,3048	1,4233	1,5513	1,6895	1,8385
10	1,2190	1,3439	1,4802	1,6289	1,7908	1,9672
11	1,2434	1,3842	1,5395	1,7103	1,8983	2,1049
12	1,2682	1,4258	1,6010	1,7959	2,0122	2,2522
13	1,2936	1,4685	1,6651	1,8856	2,1329	2,4098
14	1,3195	1,5126	1,7317	1,9799	2,2609	2,5785
15	**1,3459**	1,5580	1,8009	2,0789	2,3966	2,7590
16	1,3728	1,6047	1,8730	2,1829	2,5404	2,9522
17	1,4002	1,6528	1,9479	2,2920	2,6928	3,1588
18	1,4282	1,7024	2,0258	2,4066	2,8543	3,3799
19	1,4568	1,7535	2,1068	2,5270	3,0256	3,6165
20	1,4859	1,8061	2,1911	2,6533	3,2071	3,8697
21	1,5157	1,8603	2,2788	2,7860	3,3996	4,1406
22	1,5460	1,9161	2,3699	**2,9253**	3,6035	4,4304
23	1,5769	1,9736	2,4647	3,0715	3,8197	4,7405

Laufzeit (Jahre)	**2,0** %	**3,0** %	**4,0** %	**5,0** %	**6,0** %	**7,0** %
24	1,6084	2,0328	2,5633	3,2251	4,0489	5,0724
25	1,6406	2,0938	2,6658	3,3864	4,2919	5,4274
26	1,6734	2,1566	2,7725	3,5557	4,5494	5,8074
27	1,7069	2,2213	2,8834	3,7335	4,8223	6,2139
28	1,7410	2,2879	2,9987	3,9201	5,1117	6,6488
29	1,7758	2,3566	3,1187	4,1161	5,4184	7,1143
30	1,8114	2,4273	3,2434	4,3219	5,7435	7,6123
31	1,8476	2,5001	3,3731	4,5380	6,0881	8,1451
32	1,8845	2,5751	3,5081	4,7649	6,4534	8,7153
33	1,9222	2,6523	3,6484	5,0032	6,8406	9,3253
34	1,9607	2,7319	3,7943	5,2533	7,2510	9,9781
35	1,9999	2,8139	3,9461	5,5160	7,6861	10,6766
36	2,0399	2,8983	4,1039	5,7918	8,1473	11,4239
37	2,0807	2,9852	4,2681	6,0814	8,6361	12,2236
38	2,1223	3,0748	4,4388	6,3855	9,1543	13,0793
39	2,1647	3,1670	4,6164	6,7048	9,7035	13,9948
40	2,2080	3,2620	4,8010	7,0400	10,2857	14,9745
41	2,2522	3,3599	4,9931	7,3920	10,9029	16,0227
42	2,2972	3,4607	5,1928	7,7616	11,5570	17,1443
43	2,3432	3,5645	5,4005	8,1497	12,2505	18,3444
44	2,3901	3,6715	5,6165	8,5572	12,9855	19,6285
45	2,4379	3,7816	5,8412	8,9850	13,7646	21,0025
46	2,4866	3,8950	6,0748	9,4343	14,5905	22,4726
47	2,5363	4,0119	6,3178	9,9060	15,4659	24,0457
48	2,5871	4,1323	6,5705	10,4013	16,3939	25,7289
49	2,6388	4,2562	6,8333	10,9213	17,3775	27,5299
50	2,6916	4,3839	7,1067	11,4674	18,4202	29,4570

Entnahmefaktor (1 bis 35 Jahre)

Alle Werte je 1000 Euro Guthaben für eine Dynamik von 2 Prozent pro Jahr

Beispiel: Sie entnehmen aus einem Betrag von 73 132 Euro bei 5 Prozent Zins monatlich einen zu berechnenden Betrag, der jährlich um 2 Prozent erhöht wird. Das Geld soll nach 16 Jahren aufgebraucht sein: (73 132 Euro : 1000) × 6,5286 = 477,45 Euro.

Laufzeit (Jahre)	**2,0 %**	**3,0 %**	**4,0 %**	**5,0 %**	**6,0 %**	**7,0 %**
1	83,3333	83,7139	84,0918	84,4669	84,8395	85,2094
2	41,6667	42,0652	42,4622	42,8576	43,2515	43,6439
3	27,7778	28,1828	28,5875	28,9919	29,3959	29,7997
4	20,8333	21,2419	21,6515	22,0620	22,4735	22,8858
5	16,6667	17,0776	17,4910	17,9065	18,3243	18,7440
6	13,8889	14,3017	14,7182	15,1382	15,5617	15,9883
7	11,9048	12,3191	12,7384	13,1626	13,5914	14,0246
8	10,4167	10,8323	11,2543	11,6824	12,1164	12,5560
9	9,2593	9,6760	10,1005	10,5324	10,9715	11,4173
10	8,3333	8,7512	9,1781	9,6137	10,0576	10,5095
11	7,5758	7,9946	8,4238	8,8631	9,3119	9,7698
12	6,9444	7,3642	7,7958	8,2386	8,6921	9,1560
13	6,4103	6,8310	7,2647	7,7111	8,1694	8,6391
14	5,9524	6,3740	6,8099	7,2598	7,7228	8,1983
15	5,5556	5,9780	6,4162	6,8694	7,3371	7,8184
16	5,2083	5,6316	6,0719	**6,5286**	7,0009	7,4879
17	4,9020	5,3260	5,7685	6,2286	6,7055	7,1981
18	4,6296	5,0545	5,4991	5,9626	6,4440	6,9422
19	4,3860	4,8116	5,2584	5,7252	6,2111	6,7149
20	4,1667	4,5931	5,0419	5,5121	6,0025	6,5118
21	3,9683	4,3955	4,8464	5,3199	5,8148	6,3295

Laufzeit (Jahre)	**2,0 %**	**3,0 %**	**4,0 %**	**5,0 %**	**6,0 %**	**7,0 %**
22	3,7879	4,2158	4,6689	5,1457	5,6450	6,1651
23	3,6232	4,0519	4,5070	4,9872	5,4908	6,0163
24	3,4722	3,9017	4,3588	4,8423	5,3503	5,8811
25	3,3333	3,7635	4,2228	4,7095	5,2219	5,7579
26	3,2051	3,6361	4,0973	4,5873	5,1040	5,6453
27	3,0864	3,5181	3,9814	4,4746	4,9956	5,5420
28	2,9762	3,4086	3,8740	4,3704	4,8956	5,4471
29	2,8736	3,3067	3,7741	4,2738	4,8032	5,3597
30	2,7778	3,2116	3,6811	4,1839	4,7176	5,2790
31	2,6882	3,1228	3,5942	4,1002	4,6381	5,2044
32	2,6042	3,0395	3,5129	4,0222	4,5641	5,1353
33	2,5253	2,9613	3,4368	3,9491	4,4952	5,0712
34	2,4510	2,8877	3,3652	3,8807	4,4308	5,0116
35	2,3810	2,8184	3,2979	3,8165	4,3706	4,9561

Barwertfaktor (1 bis 35 Jahre)

Alle Werte je 1 Euro Rentenlücke für eine Dynamik von 2 Prozent pro Jahr

Beispiel: Sie benötigen einen Betrag, aus dem Sie 16 Jahre lang bei 5 Prozent Zins einen Betrag von anfänglich 423 Euro entnehmen können. 423 Euro × 153,17 = 64 790 Euro.

Laufzeit (Jahre)	**2,0 %**	**3,0 %**	**4,0 %**	**5,0 %**	**6,0 %**	**7,0 %**
1	12,00	11,95	11,89	11,84	11,79	11,74
2	24,00	23,77	23,55	23,33	23,12	22,91
3	36,00	35,48	34,98	34,49	34,02	33,56
4	48,00	47,08	46,19	45,33	44,50	43,70
5	60,00	58,56	57,17	55,85	54,57	53,35
6	72,00	69,92	67,94	66,06	64,26	62,55
7	84,00	81,18	78,50	75,97	73,58	71,30
8	96,00	92,32	88,86	85,60	82,53	79,64
9	108,00	103,35	99,00	94,94	91,15	87,59
10	120,00	114,27	108,96	104,02	99,43	95,15
11	132,00	125,08	118,71	112,83	107,39	102,36
12	144,00	135,79	128,27	121,38	115,05	109,22
13	156,00	146,39	137,65	129,68	122,41	115,75
14	168,00	156,89	146,84	137,75	129,49	121,98
15	180,00	167,28	155,86	145,57	136,29	127,90
16	192,00	177,57	164,69	**153,17**	142,84	133,55
17	204,00	187,76	173,35	160,55	149,13	138,93
18	216,00	197,84	181,85	167,71	155,18	144,05
19	228,00	207,83	190,17	174,67	161,00	148,92
20	240,00	217,72	198,34	181,42	166,60	153,57
21	252,00	227,51	206,34	187,97	171,98	157,99
22	264,00	237,20	214,19	194,34	177,15	162,20

Laufzeit (Jahre)	**2,0 %**	**3,0 %**	**4,0 %**	**5,0 %**	**6,0 %**	**7,0 %**
23	276,00	246,80	221,88	200,52	182,12	166,21
24	288,00	256,30	229,42	206,51	186,90	170,03
25	300,00	265,71	236,81	212,34	191,50	173,67
26	312,00	275,02	244,06	217,99	195,92	177,14
27	324,00	284,24	251,17	223,48	200,18	180,44
28	336,00	293,38	258,13	228,81	204,26	183,58
29	348,00	302,42	264,96	233,99	208,19	186,58
30	360,00	311,37	271,66	239,01	211,97	189,43
31	372,00	320,23	278,23	243,89	215,61	192,14
32	384,00	329,00	284,66	248,62	219,10	194,73
33	396,00	337,69	290,97	253,22	222,46	197,19
34	408,00	346,29	297,16	257,68	225,69	199,54
35	420,00	354,81	303,22	262,02	228,80	201,77

Sparfaktor (1 bis 50 Jahre)

Beispiel: Sie wollen wissen, wie viel Sie 22 Jahre lang monatlich bei 5 Prozent Zins zurücklegen müssen, damit Sie am Ende einen Betrag von 64 790 Euro haben: 64 790 Euro × 0,0021 = 136 Euro.

Laufzeit (Jahre)	**2,0 %**	**3,0 %**	**4,0 %**	**5,0 %**	**6,0 %**	**7,0 %**
1	0,0824	0,0820	0,0816	0,0812	0,0807	0,0803
2	0,0408	0,0404	0,0400	0,0396	0,0392	0,0388
3	0,0269	0,0265	0,0261	0,0257	0,0254	0,0250
4	0,0200	0,0196	0,0192	0,0188	0,0185	0,0181
5	0,0158	0,0154	0,0151	0,0147	0,0143	0,0140
6	0,0131	0,0127	0,0123	0,0119	0,0116	0,0112
7	0,0111	0,0107	0,0103	0,0100	0,0096	0,0093
8	0,0096	0,0092	0,0089	0,0085	0,0082	0,0078
9	0,0085	0,0081	0,0077	0,0074	0,0070	0,0067
10	0,0075	0,0072	0,0068	0,0065	0,0061	0,0058
11	0,0068	0,0064	0,0060	0,0057	0,0054	0,0051
12	0,0061	0,0058	0,0054	0,0051	0,0048	0,0045
13	0,0056	0,0053	0,0049	0,0046	0,0043	0,0040
14	0,0052	0,0048	0,0045	0,0041	0,0038	0,0036
15	0,0048	0,0044	0,0041	0,0038	0,0035	0,0032
16	0,0044	0,0041	0,0037	0,0034	0,0031	0,0029
17	0,0041	0,0038	0,0034	0,0031	0,0029	0,0026
18	0,0039	0,0035	0,0032	0,0029	0,0026	0,0024
19	0,0036	0,0033	0,0029	0,0027	0,0024	0,0021
20	0,0034	0,0031	0,0027	0,0025	0,0022	0,0020
21	0,0032	0,0029	0,0026	0,0023	0,0020	0,0018
22	0,0030	0,0027	0,0024	**0,0021**	0,0019	0,0016
23	0,0029	0,0025	0,0022	0,0020	0,0017	0,0015
24	0,0027	0,0024	0,0021	0,0018	0,0016	0,0014

Laufzeit (Jahre)	2,0 %	3,0 %	4,0 %	5,0 %	6,0 %	7,0 %
25	0,0026	0,0022	0,0020	0,0017	0,0015	0,0013
26	0,0024	0,0021	0,0018	0,0016	0,0014	0,0012
27	0,0023	0,0020	0,0017	0,0015	0,0013	0,0011
28	0,0022	0,0019	0,0016	0,0014	0,0012	0,0010
29	0,0021	0,0018	0,0015	0,0013	0,0011	0,0009
30	0,0020	0,0017	0,0015	0,0012	0,0010	0,0009
31	0,0019	0,0016	0,0014	0,0011	0,0010	0,0008
32	0,0019	0,0016	0,0013	0,0011	0,0009	0,0007
33	0,0018	0,0015	0,0012	0,0010	0,0008	0,0007
34	0,0017	0,0014	0,0012	0,0010	0,0008	0,0006
35	0,0016	0,0014	0,0011	0,0009	0,0007	0,0006
36	0,0016	0,0013	0,0011	0,0008	0,0007	0,0005
37	0,0015	0,0012	0,0010	0,0008	0,0006	0,0005
38	0,0015	0,0012	0,0009	0,0008	0,0006	0,0005
39	0,0014	0,0011	0,0009	0,0007	0,0006	0,0004
40	0,0014	0,0011	0,0009	0,0007	0,0005	0,0004
41	0,0013	0,0010	0,0008	0,0006	0,0005	0,0004
42	0,0013	0,0010	0,0008	0,0006	0,0005	0,0003
43	0,0012	0,0010	0,0007	0,0006	0,0004	0,0003
44	0,0012	0,0009	0,0007	0,0005	0,0004	0,0003
45	0,0011	0,0009	0,0007	0,0005	0,0004	0,0003
46	0,0011	0,0008	0,0006	0,0005	0,0004	0,0003
47	0,0011	0,0008	0,0006	0,0005	0,0003	0,0002
48	0,0010	0,0008	0,0006	0,0004	0,0003	0,0002
49	0,0010	0,0008	0,0006	0,0004	0,0003	0,0002
50	0,0010	0,0007	0,0005	0,0004	0,0003	0,0002

Diese ETF sind erste Wahl

Wählen Sie aus dieser Liste die geeigneten Fonds für Ihr Pantoffel-Portfolio und Ihre Zielsparpläne.

Fondsbenchmark	Anbieter	Isin	Ertragsverwendung	Kosten (%)
Aktien Welt: marktbreit klassisch				
FTSE All-World [1)]	Vanguard	IE00B3RBWM25	A	0,22
FTSE All-World [1)]	Invesco	IE000716YHJ7	T	0,15
FTSE Developed	Vanguard	IE00BKX55T58	A	0,12
MSCI ACWI Investable Market (IMI) [1)]	SPDR	IE00B3YLTY66	T	0,17
MSCI All Country World (ACWI) [1)]	iShares	IE00B6R52259	T	0,20
MSCI All Country World (ACWI) [1)]	SPDR	IE00B44Z5B48	T	0,12
MSCI World	Amundi	LU1781541179	T	0,12
MSCI World	Deka	DE000ETFL508	A	0,30
MSCI World	HSBC	IE00B4X9L533	A	0,15
MSCI World	iShares	IE00B4L5Y983	T	0,20
MSCI World	SPDR	IE00BFY0GT14	T	0,12
MSCI World	UBS	IE00B7KQ7B66	A	0,06
MSCI World	Xtrackers	IE00BK1PV551	A	0,12
Solactive GBS Developed Markets Large & Mid Cap	Amundi	LU1931974692	A	0,05
Solactive GBS Global Markets Large & Mid	Amundi	IE0003XJA0J9	T	0,07
Aktien Welt: marktbreit nachhaltig				
MSCI ACWI SRI Low Carbon Select 5% Issuer Capped [1)]	UBS	IE00BDR55471	T	0,3
MSCI World SRI Low Carbon Select 5% Issuer Capped	UBS	IE00BK72HJ67	T	0,2
MSCI World SRI S-Series PAB 5% Capped	BNP Easy	LU1291108642	T	0,26
MSCI World SRI Filtered PAB	Amundi	IE000Y77LGG9	T	0,18
MSCI ACWI SRI Filtered PAB	Amundi	IE0000ZVYDH0	T	0,20

Fondsbenchmark	Anbieter	Isin	Ertragsverwendung	Kosten (%)
Staatsanleihen Euro: marktbreit klassisch				
Bloomberg Euro Treasury	iShares	IE00B4WXJJ64	A	0,07
Bloomberg Euro Treasury	SPDR	IE00B3S5XW04	A	0,07
Bloomberg Euro Treasury	Vanguard	IE00BZ163H91	A	0,07
Bloomberg Euro Treasury 50bn	Amundi	LU1437018598	T	0,09
JPM GBI EMU Investment Grade	Amundi	LU1737653714	A	0,14
Markit iBoxx EUR Sovereigns Eurozone	Xtrackers	LU0643975591	A	0,09
Solactive Eurozone Government Bond	Amundi	LU2089238898	T	0,05
Staatsanleihen Euro: marktbreit nachhaltig				
JPM ESG EMU Government Bond IG	BNP Easy	LU1481202692	T	0,15
iBoxx EUR Sovereigns ESG Tilted	Xtrackers	LU2504537445	A	0,12
FTSE ESG Select EMU Government Bond	Xtrackers	LU2468423459	T	0,15
Staats- und Unternehmensanleihen Euro: marktbreit klassisch				
Bloomberg Euro Aggregate	SPDR	IE00B41RYL63	A	0,17
Staats- und Unternehmensanleihen Euro: marktbreit nachhaltig				
Bloomberg MSCI Euro Aggregate and Green Bond ESG SRI	iShares	IE00B3DKXQ41	A	0,16
Bloomberg MSCI ESG Euro Aggregate Sector Neutral Select	Amundi	LU2182388236	T	0,16
Bloomberg MSCI Euro Aggregate ex Fossil Fuel SRI Select	BNP Easy	LU2533812991	T	0,15

Reihenfolge nach Indexname: Die ETF-Tabellen zeigen eine Auswahl anhand folgender Kriterien: pro Index und Anbieter zeigen wir ein Sondervermögen, pro Sondervermögen eine Anteilsklasse. Der ETF muss an deutschen Börsen handelbar, mindestens 50 Mio. Euro groß und mindestens 1 Jahr alt sein. Swap-ETF sind nur für Rohstoffe erlaubt. Sofern die Nachhaltigkeit bewertet wird, muss der ETF mindestens 3 Punkte in der Nachhaltigkeit haben.

T = Thesaurierend, A = Ausschüttend, Kosten = Sonstige laufende Kosten laut PIB, 1) Investiert auch in Schwellenländer. Stand: 30.11.2025, Quelle: FWW, Refinitiv, eigene Erhebungen

Stichwortverzeichnis

Thomas Stoll ist Wirtschaftsjournalist und hat Volkswirtschaftslehre in Köln studiert. Er arbeitete unter anderem für Finanztest, das Wirtschaftsmagazin Capital und als Chefredakteur mehrerer Bankenmagazine. Seit Mitte 2022 ist er als freier Autor tätig. Für die Stiftung Warentest hat er zwei weitere Ratgeber verfasst: „Sicher durch die Inflation" (2023) und „Der ETF-Booster" (2024).

Die Stiftung Warentest wurde 1964 auf Beschluss des Deutschen Bundestages gegründet, um Verbraucherinnen und Verbrauchern durch vergleichende Tests von Waren und Dienstleistungen eine unabhängige und objektive Unterstützung zu bieten.

Programmleitung: Niclas Dewitz
Autor: Thomas Stoll
Projektleitung: Philipp Sperrle
Fachliche Beratung: Bernd Brückmann, Katharina Henrich, Theodor Pischke, Max Schmutzer
Korrektorat: Jonas-Philipp Dallmann, Berlin
Titelentwurf: Daniela Greven, Christian Königsmann
Layout: Martina Römer, Daniela Greven, Christian Königsmann
Grafik, Satz: Annett Hansen, Berlin
Bildnachweis: AdobeStock, zhukovvvlad (Titel)
Produktion: Annett Hansen, Berlin
Verlagsherstellung: Rita Brosius (Ltg.), Romy Alig, Susanne Beeh
Litho: tiff.any, Berlin
Druck: westermann DRUCK | pva, Braunschweig

Bei Fragen zur Sicherheit dieses Produkts wenden Sie sich bitte an: gpsr@stiftung-warentest.de

ISBN: 978–3–7471–1039–3

Stiftung Warentest

Stiftung Warentest
Lützowplatz 11–13
10785 Berlin
www.test.de
email@stiftung-warentest.de

USt-IdNr.: DE136725570

Vorständin: Julia Bönisch

Service
Alle Formulare können Sie auch kostenlos herunterladen unter
test.de/formulare-altersvorsorge

Tipps zum Herunterladen der Formulare:
Geben Sie den Link direkt in die Adresszeile des Browsers ein. Wer den Link bei Google eingibt, findet die Formulare nicht. Speichern Sie die Datei vor dem Öffnen und nutzen Sie den Adobe Reader, um die Formulare auszufüllen.

Checklisten und Arbeitshilfen

In fünf Schritten zur passenden Altersvorsorge

Die Altersvorsorge ist ein entscheidender Baustein für Ihre finanzielle Sicherheit im Ruhestand. Mit dieser Anleitung navigieren Sie strukturiert durch die wichtigsten Überlegungen und Schritte.

1. Aktuelle Lebenssituation und Bedürfnisse analysieren

(Checkliste: „Vorhandene Vorsorge prüfen")

Wie hoch ist mein aktuelles Einkommen? €

Welche monatlichen Ausgaben habe ich? €

Wie lange möchte bzw. kann ich noch arbeiten? Jahre

Welche bestehenden Vorsorgeprodukte und Versicherungen habe ich bereits?

Welches Vermögen ist vorhanden oder wird zum Renteneintritt vorhanden sein? €

Welche Schulden bestehen heute und zum Renteneintritt? €

Wie hoch ist meine Reserve („Notgroschen") aktuell (empfohlen: zwei bis sechs Nettogehälter)? €

2. Vorsorgelücke ermitteln

Wie hoch ist meine gesetzliche Rente voraussichtlich? (Renteninformation des Rentenversicherungsträgers nutzen) €

Welche Einkünfte erhalte ich zusätzlich (Betriebsrente, private Vorsorge)? €

Wie viel Geld benötige ich im Ruhestand, um meinen Lebensstandard zu halten? €

Wie hoch ist meine Versorgungslücke, und wie viel muss ich sparen, um sie zu schließen? (Formular „Rentenlücke berechnen") €

3. Geeignete Vorsorgeprodukte auswählen

Welche staatlich geförderten Produkte kommen für mich infrage? (Riester-Rente, Rürup-Rente, betriebliche Altersvorsorge)

Welches Pantoffel-Portfolio passt zu meinen Zielen und meiner Risikobereitschaft? (Formular „Pantoffel-Portfolio erstellen")

Welche anderen Produkte ziehe ich hinsichtlich Rendite, Flexibilität, Verfügbarkeit und Kosten in Erwägung (Fonds, Immobilien, private Rentenversicherung)?

4. Fördermöglichkeiten und Steuervorteile nutzen

Welche staatlichen Zulagen und Steuervorteile kann ich in Anspruch nehmen?

Welchen Zuschuss gibt mir mein Arbeitgeber? €

Habe ich Freistellungsaufträge erteilt? ☐ Ja ☐ Nein

5. Altersvorsorge regelmäßig überprüfen und anpassen

Prüfe ich mindestens einmal jährlich die Vorsorgesituation? ☐ Ja ☐ Nein

Habe ich Änderungen in Einkommen, Lebenssituation, Gesetzgebung und auf den Finanzmärkten berücksichtigt? ☐ Ja ☐ Nein

Habe ich notwendige Anpassungen an Sparraten, Produktwahl oder Vorsorgeform vorgenommen? ☐ Ja ☐ Nein

Tipp

Dokumentieren Sie Ihre Vorsorgemaßnahmen, und bewahren Sie alle wichtigen Unterlagen gut geordnet auf.

Vorhandene Vorsorge prüfen

Nutzen Sie dieses Formular, um sich einen Überblick über Ihre bisher vorhandene Vorsorge zu verschaffen. Die Werte finden Sie in den jährlichen Standmitteilungen der Deutschen Rentenversicherung und der Anbieter.

	Eigene Vorsorge	Ehepartner/ Ehepartnerin	Auszahlbetrag	Bemessungsgrundlage zur Steuerermittlung
Gesetzliche Rentenversicherung				
Bruttorente	€	€	€	€
Riester-Vertrag				
Garantierte Rentenhöhe	€	€	—	—
Entspricht einer Kaufkraft von	€	€	€	€
Betriebliche Altersvorsorge				
Garantierte Rentenhöhe	€	€	—	—
Entspricht einer Kaufkraft von	€	€	—	—
Abzüglich Kranken- und Pflegeversicherung	€	€	—	—
Summe	€	€	€	€
Basisrente (Rürup-Rente)				
Auszahlbetrag der Rente	€	€	—	—
Entspricht einer Kaufkraft von	€	€	€	€
Ungeförderte Vorsorge				
Garantierte Rentenhöhe	€	€	—	—
Entspricht einer Kaufkraft von	€	€	€	—
Besteuerung mit dem Ertragsanteil (____%)	€	€	—	€
Monatliche Summe			€	€
Jahresbeträge zur Steuerermittlung			—	€
Mögliche anfallende Steuer			—	€
Abzüglich der möglichen Steuerbelastung (monatlich)			€	—
Monatlich zur Verfügung stehender Betrag			€	—

Rentenlücke berechnen

mit Tranchen

Mit diesem Formular können Sie Ihre individuelle Rentenlücke berechnen und herausfinden, welche Sparrate erforderlich ist, um die Rentenlücke mit der Tranchenmethode zu schließen. Nutzen Sie zum Ausfüllen die von Ihnen mit den vorhergehenden Formularen ermittelten Daten, die Sie in der Spalte „Wert" eintragen. Die zur Berechnung nötigen Zinsfaktoren finden Sie in den Tabellen ab Seite 95.

Berechnung der Rentenlücke und des zur Schließung notwendigen Sparbeitrags	**Wert**	**Kommentar**
Vorhandenes Kapital heute	________ €	Übernehmen: Wert „Gesamtvermögen" aus "Kassensturz: Sparrate festlegen"
Aktuelles Alter	______ Jahre	
Ruhestandsbeginn (Alter)	______ Jahre	Empfehlung: Wählen Sie die Regelaltersgrenze von 67 Jahren, falls Sie nicht früher in Rente gehen.
Dauer der Sparphase (Alter bei Ruhestandsbeginn minus aktuelles Alter)	______ Jahre	
Ende der Zahlungen (Alter)	______ Jahre	Empfehlung: Für Männer 83 Jahre, für Frauen 87 Jahre
Dauer der Rentenphase (Alter bei Ende der Zahlungen minus Alter bei Ruhestandsbeginn)	______ Jahre	
Erwartete jährliche Rendite nach Steuern und Kosten	________ %	Empfehlung für Pantoffel: 4 % / 5 % / 6 % Nettorendite für 25 % / 50 % / 75 % Aktienanteil
Voraussichtlich vorhandenes Kapital zum Rentenbeginn	________ €	Multiplizieren Sie das heute vorhandene Kapital mit dem zur Dauer der Sparphase passenden **Zinsfaktor** aus der Tabelle auf Seite 95 bis 96.
Jährliche Erhöhung des Entnahmebetrags zum Inflationsausgleich	________ %	Empfehlung: 2 %. In den Tabellen auf den Seiten 97 bis 100 (**Entnahme- und Barwertfaktor**) ist dieser Wert mit eingerechnet.

	Berechnung der Rentenlücke und des zur Schließung notwendigen Sparbeitrags	Wert	Kommentar
	Aktuelle monatliche Nettoeinkünfte	____ €	Übernehmen aus „Einnahmen, Ausgaben und freies Budget emitteln", jährliche Zahlungen zwölfteln
mal	Gewünschtes Nettoeinkommen im Ruhestand pro Monat (in Prozent vom aktuellen Netto)	____ %	Empfehlung: 80 %
ergibt	**Gewünschtes Nettoeinkommen im Ruhestand pro Monat**	____ **€**	
minus	Erwartete Alterseinkünfte pro Monat (aktueller Wert)	____ €	Übernehmen aus „Vorhandene Vorsorge prüfen", Prognosewerte aus Betriebsrente etc. abzinsen wie folgt: Dividieren Sie den Prognosewert durch den zur Dauer der Sparphase und erwarteter Inflationsrate passenden **Zinsfaktor** auf Seite 95 oder 96.
minus	Anfänglicher monatlicher Entnahmebetrag aus vorhandenem Kapital (dynamisch ansteigend, auf die Gegenwart abgezinst)	____ €	Dividieren Sie das Kapital zu Rentenbeginn durch 1000, und multiplizieren Sie das Ergebnis mit dem zur Dauer der Rentenphase passenden **Entnahmefaktor** aus der Tabelle auf Seite 97 oder 98. Dividieren Sie das Ergebnis dann durch den zur Dauer der Sparphase und erwarteter Inflationsrate passenden **Zinsfaktor** auf Seite 95 oder 96.
ergibt	**Rentenlücke (-) / -überschuss (+) bei Rentenbeginn**	____ **€**	Diese Lücke sollten Sie aus heutiger Sicht durch zusätzliches Sparen schließen.
	Barwert der Rentenlücke / notwendiges Guthaben zu Rentenbeginn	____ €	Multiplizieren Sie die Rentenlücke mit dem zur Dauer der Rentenphase passenden **Barwertfaktor** aus der Tabelle ab Seite 99.
	Notwendige Sparrate zur Schließung der Lücke (monatlich gleichbleibend)	____ **€**	**Multiplizieren Sie den Barwert mit dem zur Dauer der Sparphase passenden Sparfaktor aus der Tabelle ab Seite 101.**
	Anteil der Sparrate am Nettoeinkommen	____ %	Dividieren Sie die Sparrate durch Ihr Nettoeinkommen und multiplizieren Sie das Ergebnis mit 100.

Einnahmen, Ausgaben und freies Budget ermitteln

Halten Sie in dieser Tabelle die monatlichen Einnahmen sowie die fixen und variablen Ausgaben fest. Sie können die Tabelle für Ist-Werte ebenso benutzen wie für Ihre Planung. Außerdem ist es auch möglich, die Werte in den Zeilen zu addieren, sodass Sie im Dezember Jahreswerte haben.

fest	Januar	Februar	März	April	Mai	Juni	Juli	August	Sept.	Okt.	Nov.	Dez.
Einnahmen												
Lohn / Einkommen												
Sozialleistungen												
Kindergeld												
Wohngeld												
Unterhalt												
Steuererstattungen												
Sonstige Einnahmen												
Summe der Einnahmen												
Feste Ausgaben												
Wohnen (Miete, Strom, Gas, Wasser)												
Telekommunkation und TV												
Versicherungen												
Kredite und Ratenkäufe												

fest		Januar	Februar	März	April	Mai	Juni	Juli	August	Sept.	Okt.	Nov.	Dez.
	Abonnements und Mitgliedschaften												
	Taschengelder												
	Kontokosten & Sparraten												
	Sonstige Fixkosten												
minus	**Summe feste Ausgaben**												
ergibt	**Verfügbares Budget**												

Variable Ausgaben

	Essen und Trinken												
	Mobilität												
	Haushaltsführung												
	Kleidung und Schuhe												
	Körperpflege												
	Kunst, Kultur, Unterhaltung												
	Genussmittel												
	Spenden und Geschenke												
minus	**Summe der variablen Ausgaben**												
ergibt	**Freies Budget**												

Versicherungen checken

Welche Versicherungen haben Sie, welche sollten Sie haben? Die folgende Tabelle bietet einen Überblick, wer welchen Schutz benötigt: Welche Verträge sind unbedingt notwendig, welche sind sehr zu empfehlen, welche sind zumindest sinnvoll? Prüfen Sie anhand Ihrer eigenen Versicherungsunterlagen, in welchen Lebensbereichen Handlungsbedarf besteht und was Sie als „bereits erledigt" abhaken können. Aktuelle Informationen: test.de/thema/versicherungen.

Versicherungen	Bedeutung	Wer braucht sie?	Habe ich	Prüfe ich
Für Schadenersatzforderungen				
Privathaftpflicht	●●●	Jeder. Unverheiratete Kinder sind in der Regel bis zum Ende ihrer Ausbildung über den Vertrag der Eltern mitversichert.	☐	☐
Kfz-Haftpflicht	●●●	Kraftfahrzeughalter, sie ist Pflicht.	☐	☐
Tierhalterhaftpflicht	●●●	Hunde- und Pferdebesitzer, für Hundehalter in manchen Bundesländern Pflicht.	☐	☐
Gewässerschaden-Haftpflichtversicherung	●●●	Öltankbesitzer.	☐	☐
Bauherren-Haftpflicht	●●	Bauherren.	☐	☐
Haus- und Grundbesitzerhaftpflicht	●●	Eigentümer und Vermieter von Immobilien und von unbebauten Grundstücken.	☐	☐
Für Krankheit und Pflegebedürftigkeit				
Gesetzliche Kranken- und Pflegeversicherung	●●●	Jeder, sie ist Pflicht, sofern sich jemand nicht privat krankenversichern kann oder einen anderen Anspruch auf Absicherung im Krankheitsfall hat (zum Beispiel freie Heilfürsorge).	☐	☐
Private Krankenvollversicherung und Pflegepflichtversicherung	●●●	Beamte, weil für sie die Privatversicherung meist günstiger ist als die gesetzliche. Für alle freiwillig gesetzlich Versicherten überlegenswert, wenn sie bessere Leistungen als die der gesetzlichen Kasse wünschen und bereit sind, dafür langfristig viel zu zahlen.	☐	☐
Krankentagegeldversicherung (Zusatzversicherung)	●	Gesetzlich versicherte Selbstständige und Angestellte mit hohen Einkommen oberhalb der Beitragsbemessungsgrenze. Angestellte sollten die Zahlung von Krankentagegeld erst ab dem Ende der Lohnfortzahlung vereinbaren.	☐	☐
Stationäre Zusatzversicherung	●	Gesetzlich Krankenversicherte, die im Krankenhaus Chefarztbehandlung und ein Ein- oder Zweibettzimmer wünschen.	☐	☐
Pflegezusatzversicherung	●	Jeder, um die Leistungen der Pflegeversicherung aufzustocken.	☐	☐

●●● = Unbedingt notwendig ●● = Sehr zu empfehlen ● = Sinnvoll ○ = Mit Einschränkung sinnvoll
× = Überflüssig

Versicherungen	Bedeutung	Wer braucht sie?	Habe ich	Prüfe ich
Zahnzusatzversicherung	•	Gesetzlich Krankenversicherte, die eine höherwertige Zahnversorgung wünschen, als sie die Kassen bieten.	☐	☐
Krankenhaustagegeld-Versicherung	×	Niemand. Der Verdienstausfall bei Krankenhausaufenthalt wird durch das Krankengeld der Kasse, bei Privatversicherten durch eine private Krankentagegeldversicherung (siehe oben) abgedeckt.	☐	☐
Für den Todesfall				
Risikolebensversicherung	••	Alle, die für andere sorgen.	☐	☐
Sterbegeldversicherung	×	Keiner. Sie ist zu teuer. Besser anders für die Beerdigung sparen.	☐	☐
Für Berufsunfähigkeit und Invalidität				
Berufsunfähigkeitsversicherung	••	Jeder, der von seinem Arbeitseinkommen lebt.	☐	☐
Erwerbsunfähigkeitsversicherung	••	Alle, für die eine Berufsunfähigkeitsversicherung zu teuer ist oder die wegen ihres hohen Risikos, zu erkranken, keine bekommen.	☐	☐
Kinderinvaliditätsversicherung	••	Kinder und Jugendliche bis zum Ende ihrer Ausbildung. Anschließend Berufsunfähigkeitsschutz sichern.	☐	☐
Unfallversicherung/ Senioren-Unfallversicherung	•	Kinder und Jugendliche, die keine Kinderinvaliditätsversicherung haben. Erwachsene, wenn sie keine Berufs- oder Erwerbsunfähigkeitsversicherung erhalten. Eine Senioren-Unfallversicherung mit Hilfeleistungen ist sinnvoll für Ältere, die nach einem Unfall niemanden haben, der sich um sie kümmert.	☐	☐
Zum Wohnen und Leben				
Wohngebäudeversicherung	••	Jeder Eigentümer eines Wohnhauses.	☐	☐
Hausratversicherung	•	Haushalte, deren Hausrat einen höheren Wert erreicht.	☐	☐
Rechtsschutzversicherung (Verkehrsrechtsschutz siehe unten)	○	Selbstständige, Angestellte, Mieter, Privatleute je nach Rechtsschutzpaket. Preiswerteren Rechtsschutz bieten für spezielle Probleme oft Gewerkschaften (Arbeitsrecht) oder Vereine (Mietrecht).	☐	☐

••• = Unbedingt notwendig •• = Sehr zu empfehlen • = Sinnvoll ○ = Mit Einschränkung sinnvoll
× = Überflüssig

Versicherungen	Bedeutung	Wer braucht sie?	Habe ich	Prüfe ich
Für das Auto und Reisen				
Auslandsreise-Krankenversicherung	●●	Kassenpatienten. Privatversicherte, wenn keine medizinisch notwendigen Rücktransporte aus dem Ausland enthalten sind.	☐	☐
Kfz-Vollkaskoversicherung	●	Besitzer neuer Fahrzeuge.	☐	☐
Kfz-Teilkaskoversicherung	●	Besitzer höherwertiger älterer Autos. Oft werden die Beiträge im Verhältnis zum Restwert des Autos nach einigen Jahren zu teuer.	☐	☐
Verkehrsrechtsschutzversicherung	●	Jeder Verkehrsteilnehmer.	☐	☐
Reiserücktrittsversicherung	●	Wer teure Pauschalreisen bucht, vor allem mit kleinen Kindern.	☐	☐
Autoschutzbrief	○	Autofahrer. Gibt es preisgünstig beim Kfz-Haftpflichtversicherer.	☐	☐
Insassenunfallversicherung	×	Niemand. Mitfahrende sind über die Kfz-Haftpflicht des Schadenverursachers versichert, Fahrer besser über eine Berufsunfähigkeits- oder Unfallversicherung.	☐	☐

●●● = Unbedingt notwendig ●● = Sehr zu empfehlen ● = Sinnvoll ○ = Mit Einschränkung sinnvoll
× = Überflüssig

Kassensturz: Sparrate festlegen

Wie viel Sie für Ihre Altersvorsorge aufwenden können, ergibt sich aus der Differenz zwischen Ihren Einnahmen – inklusive eventuell vorhandener Vermögenswerte – und Ihren Ausgaben. Tragen Sie die Werte aus den vorangegangenen Formularen unten ein, um das Budget für Ihre Altersvorsorge zu ermitteln.

So viel habe ich

Sparguthaben		€
Notgroschen		€
Sachvermögen (etwa Goldmünzen, Kunst oder andere nicht zum Gebrauch genutzte Wertgegenstände)		€
Immobilien		€
Wertpapiere		€
Kapitallebensversicherung		€
Gesamtvermögen		€

Das kann ich anlegen

Einnahmen		€
Ausgaben	minus	€
Budget (Gesamtsumme möglicher monatlicher Sparplan)	=	€
Zusätzliches Sparguthaben (für mögliche Einmalanlage)*)		€

*) Der Notgroschen bleibt unangetastet. Sachvermögen und andere gebundene Werte wie Immobilien oder eine bestehende Kapitallebensversicherung können nicht als verfügbare Summe eingerechnet werden.

Risikoprofil ermitteln

Ob Sie eine defensiv, ausgewogen oder offensiv ausgerichtete Strategie bevorzugen, ist eine sehr individuelle Entscheidung, für die Sie sich ausreichend Zeit nehmen sollten. Dabei spielt nicht nur Ihre Risikotragfähigkeit eine Rolle, sondern auch Ihre Risikobereitschaft und Ihr Anlagehorizont. Im Folgenden finden Sie ein paar Anhaltspunkte, die Ihnen dabei helfen können, Klarheit zu gewinnen.

Risikobereitschaft einschätzen

Ja	Nein	
☐	☐	Haben Sie schon einmal negative Erfahrungen im Zusammenhang mit Geldanlagen gemacht?
☐	☐	Haben Sie schon einmal positive Erfahrungen im Zusammenhang mit Geldanlagen gemacht?
☐	☐	Haben Sie bei der Entscheidung für eine bestimmte Geldanlage schon einmal einen Fehler gemacht, der zu Verlusten geführt hat?
☐	☐	Hat Sie dieser selbst verschuldete Verlust emotional stark und/oder lange beschäftigt?
☐	☐	Könnten Sie bei einem größeren Wertverlust Ihres Portfolios noch ruhig schlafen?
☐	☐	Haben Sie ein konkretes Anlageziel?
☐	☐	Liegt dieses Ziel in eher kurz- oder mittelfristiger Zukunft?
☐	☐	Würden Sie auf Renditechancen verzichten, wenn Sie dafür Ihr Anlageziel sicher erreichen?
☐	☐	Oder würden Sie höhere Renditechancen bevorzugen, auch wenn dann nicht sicher ist, ob Sie Ihr Anlageziel erreichen?
☐	☐	Sind Sie bereit, für höhere Renditechancen mehr Aufwand bei Auswahl und Kontrolle Ihrer Geldanlage zu betreiben?
☐	☐	Bevorzugen Sie bei der Geldanlage Sicherheit und Verfügbarkeit?
☐	☐	Sind Ihnen bei der Geldanlage Sicherheit und Rendite gleich wichtig?
☐	☐	Oder wünschen Sie sich von einer Geldanlage vor allem Verfügbarkeit und Rendite?

Risikotragfähigkeit einschätzen

Ja	Nein	
Ja ☐	Nein ☐	Würde ein negativer Verlauf Ihres Renditebausteins (zum Beispiel ein Börsencrash mit Folgen über mehrere Jahre) Ihre finanzielle Existenz gefährden?
Ja ☐	Nein ☐	Würde ein negativer Verlauf Ihres Renditebausteins (zum Beispiel ein Börsencrash mit Folgen über mehrere Jahre) Ihre persönlichen Ziele gefährden?
Ja ☐	Nein ☐	Würde Ihr sonstiges Einkommen reichen, um eventuelle Verluste in einem angemessenen Zeitraum auszugleichen?

Anlagehorizont bestimmen

Ja	Nein	
Ja ☐	Nein ☐	Stehen Sie am Anfang Ihrer beruflichen Karriere und möchten fürs Alter vorsorgen?
Ja ☐	Nein ☐	Oder gehen Sie innerhalb der nächsten 15 Jahren in Rente und möchten Ihre finanziellen Reserven für den Ruhestand aufbessern?
Ja ☐	Nein ☐	Möchten Sie mit der Geburt Ihres Kindes Geld für dessen spätere Ausbildung zurücklegen?
Ja ☐	Nein ☐	Steht in den nächsten Jahren eine größere Investition an, zum Beispiel der Kauf einer neuen Küche oder eines Elektroautos, für die Sie zu einem bestimmten Zeitpunkt eine größere Summe benötigen?
Ja ☐	Nein ☐	Oder könnten Sie die geplante Investition notfalls um einige Monate beziehungsweise Jahre verschieben?
Ja ☐	Nein ☐	Planen Sie mittelfristig den Kauf einer Immobilie?
Ja ☐	Nein ☐	Oder sind Sie gerade auf der Suche nach einem geeigneten Objekt, das Sie dann sofort kaufen möchten?

Auswertung

Farbig unterlegte Antworten ergeben einen Punkt. Je mehr Punkte Sie haben, desto vorsichtiger sollten Sie investieren. Ein defensives Portfolio mit geringer Aktienquote ist bei hoher Punktzahl in der Regel die beste Wahl. Beachten Sie aber: Dieser Fragebogen kann nur Anhaltspunkte für Ihre Einschätzung geben und kein exaktes Ergebnis liefern. So ist Ihre Risikotragfähigkeit wichtiger als Ihre Risikobereitschaft. Bedenken Sie bei der Planung Ihrer Strategie auch den Zeithorizont: je kürzer die Anlagedauer, desto geringer sollte das Risiko sein, das heißt: umso höher sollte der Anteil des Sicherheitsbausteins mit Zinsanlagen wie Festgeld o. ä. sein. Die Ausrichtung Ihrer Strategie – defensiv, ausgewogen oder offensiv – können Sie jederzeit Ihren Lebensumständen anpassen.

Das ist mir wichtig bei der Geldanlage

Je sicherer Sie Ihr Geld anlegen, desto geringer ist auch der Ertrag daraus. Je mehr Risiko Sie umgekehrt eingehen, desto größer ist die Chance auf eine hohe Rendite. Auch die Verfügbarkeit spielt im Zusammenhang mit Ihrem Anlagehorizont eine wichtige Rolle. Nicht zuletzt könnte Nachhaltigkeit für Sie entscheidend sein.

Das magische Dreieck	Risikoprofil
☐ **Mir ist Sicherheit und Verfügbarkeit am wichtigsten.** Sicherheitsbaustein: Tagesgeld (sicher und stets verfügbar) Renditebaustein: Welt-ETF (theoretisch stets verfügbar, aber Kursschwankungen ausgesetzt, längere Anlage ist sinnvoller)	Eher defensiv bis ausgewogen
☐ **Mir ist Sicherheit und Rendite am wichtigsten.** Sicherheitsbaustein: Festgeld, Staatsanleihen Renditebaustein: Welt-ETF	Eher ausgewogen bis defensiv
☐ **Mir ist Verfügbarkeit und Rendite am wichtigsten.** Sicherheitsbaustein: Tagesgeld, Festgeld mit kurzer Laufzeit Renditebaustein: Welt-ETF	Eher offensiv bis ausgewogen

Besondere Ausrichtungen

☐ **Mir sind vor allem geringe Kosten wichtig.**

Achten Sie bei der Wahl Ihres Tages- oder Festgeldkontos sowie bei der Depotbank darauf, dass es (bei generell guten Konditionen) keine Grundgebühren und geringe bis keine Kosten bei Kauf und Verkauf gibt.

☐ **Ich möchte nur in nachhaltige Geldanlagen investieren.**

Legen Sie Ihren Sicherheitsbaustein bei einer ethisch-ökologischen Bank an.

Achten Sie im Fondsfinder unter test.de/fonds auf die Nachhaltigkeitsbewertung von Finanztest. Wenn Ihnen nachhaltige ETF nicht streng genug sind, können Sie einen strenger auswählenden nachhaltigen (aktiv gemanagten) Aktienfonds auswählen.

Pantoffel-Portfolio erstellen

In welches Risikoprofil haben Sie sich eingeordnet? Welche Bestandteile umfasst Ihr Sicherheits-, welche Ihr Renditebaustein? In dieser Checkliste können Sie Ihren Stand übersichtlich festhalten.

Aufteilung nach Risikoprofil

Gesamtsumme Einmalanlage: ______ €

Gesamtsumme monatlicher Sparplan (siehe „Kassensturz: Budget ermitteln"): ______ €

	☐ Defensiv	☐ Ausgewogen	☐ Offensiv	Anlagesumme
Anteil Sicherheitsbaustein:	75 %	50 %	25 %	€
Anteil Renditebaustein:	25 %	50 %	75 %	€

Sicherheitsbaustein

1. Tagesgeldkonto

Kreditinstitut / IBAN

Einmalanlage: ______ €

Sparplan, monatlich: ______ €

Aktuelles Guthaben: ______ €

2. Festgeldanlage

Kreditinstitut / IBAN

Laufzeit: ______

Kündigen bis: ______

Aktuelles Guthaben: ______ €

3. Sonstige Zinsanlagen

Kreditinstitut / IBAN

Aktuelles Guthaben: €

Renditebaustein

Depotbank / Depotnummer

1. Einmalanlage

	Name	ISIN	Anlagesumme
ETF 1:			€
ETF 2:			€
Aktiv gemanagter Fonds:			€

2. Sparplan

	Name	ISIN	Monatliche Einzahlung
ETF 1:			€
ETF 2:			€
Aktiv gemanagter Fonds:			€

Stand der Auflistung: ____________

Portfolio überprüfen und anpassen

Bei aller Bequemlichkeit ist eine regelmäßige Überprüfung Ihres Portfolios wichtig. Einmal im Jahr sollten Sie nachschauen, ob die Verteilung der Anlagen gemäß Ihres Risikoprofils noch stimmt. Weicht das Verhältnis um mehr als 10 Prozentpunkte vom Sollwert ab, werden Sie tätig.

Stichtag: ______________

1. Ursprüngliche Aufteilung

Gesamtsumme Einmalanlage: ______________ €

Gesamtsumme monatlicher Sparplan:
(siehe Checkliste „Kassensturz: Budget ermitteln“) ______________ €

	☐ **Defensiv**	☐ **Ausgewogen**	☐ **Offensiv**	**Anlagesumme**
Anteil Sicherheitsbaustein:	75 %	50 %	25 %	€
Anteil Renditebaustein:	25 %	50 %	75 %	€

2. Aktueller Wert Sicherheitsbaustein zum Stichtag

Tagesgeldkonto (Aktuelles Guthaben): ______________ €

Festgeldkonto (Aktuelles Guthaben): ______________ €

Sonstige Zinsanlagen

Zinsanlage A (Aktuelles Guthaben): ______________ €

Zinsanlage B (Aktuelles Guthaben): ______________ €

Zinsanlage C (Aktuelles Guthaben): ______________ €

Gesamtwert Sicherheitsbaustein: ______________ **€**

3. Aktueller Wert Renditebaustein zum Stichtag

Name	ISIN	Aktueller Wert
ETF 1:		€
ETF 2:		€
ETF 3:		€
Aktiv gemanagter Fonds:		€
Gesamtwert Renditebaustein:		**€**

4. Gesamtwert Sicherheitsbaustein + Renditebaustein zum Stichtag

__________ + __________ __________ €

Sicherheitsbaustein — Renditebaustein (Stichtag)

5. Aktueller Anteil des Renditebausteins

__________ : __________ = __________

Aktueller Renditebaustein (aus 3.) — Gesamtwert (aus 4.) — Wert a

__________ x 100 = __________ %

Wert aus a

Entspricht die aktuelle Aufteilung noch Ihrem Risikoprofil (aus 1.)?

☐ Ja, die Abweichung liegt unter 10 Prozentpunkten. >>> Es besteht kein Handlungsbedarf, Sie können sich zurücklehnen.

☐ Nein, die Abweichung liegt über 10 Prozentpunkten. >>> Sie sollten Ihr Portfolio anpassen.

Steuer-Checkliste zur Altersvorsorge

Auch Kapitalerträge müssen versteuert werden. In vielen Fällen geschieht dies automatisch. Mit Freistellungsaufträgen können Sie Kapitalerträge bis zu einer Höhe von insgesamt 1000 Euro, bei Ehepaaren 2000 Euro, von Steuerabzügen freistellen. Die Gesamtsumme können Sie auf mehrere Konten verteilen.

Freistellungsaufträge

Eingerichtet	Konto	Betrag
☐	Tagesgeldkonto	
☐	Festgeldkonto	
☐	Depot	
☐	Weitere Anlagen	
☐	Weitere Anlagen	
☐	Weitere Anlagen	

Kapitalerträge aus dem Ausland

Unterhalten Sie Depots bei ausländischen Banken?

Ja ☐ Sie müssen die Kapitalerträge mit der Anlage KAP bei der Steuererklärung angeben.

Bitte prüfen

Ja ☐ Prüfen Sie auf jeden Fall die Jahressteuerbescheinigung auf Korrektheit. Sie finden sie im Nachrichtenfach Ihres Depots. Eventuell zu viel bezahlte Steuern können Sie sich über die Anlage KAP zur Steuererklärung zurückholen. Falls Sie noch keine Freistellungsaufträge erteilt haben, können Sie den Freibetrag von insgesamt 1000 Euro (bei gemeinsam veranlagten Ehepaaren 2000 Euro) ebenfalls über die Anlage KAP geltend machen.

Ja ☐ Jahressteuerbescheinigung geprüft am ____________________